AF473940

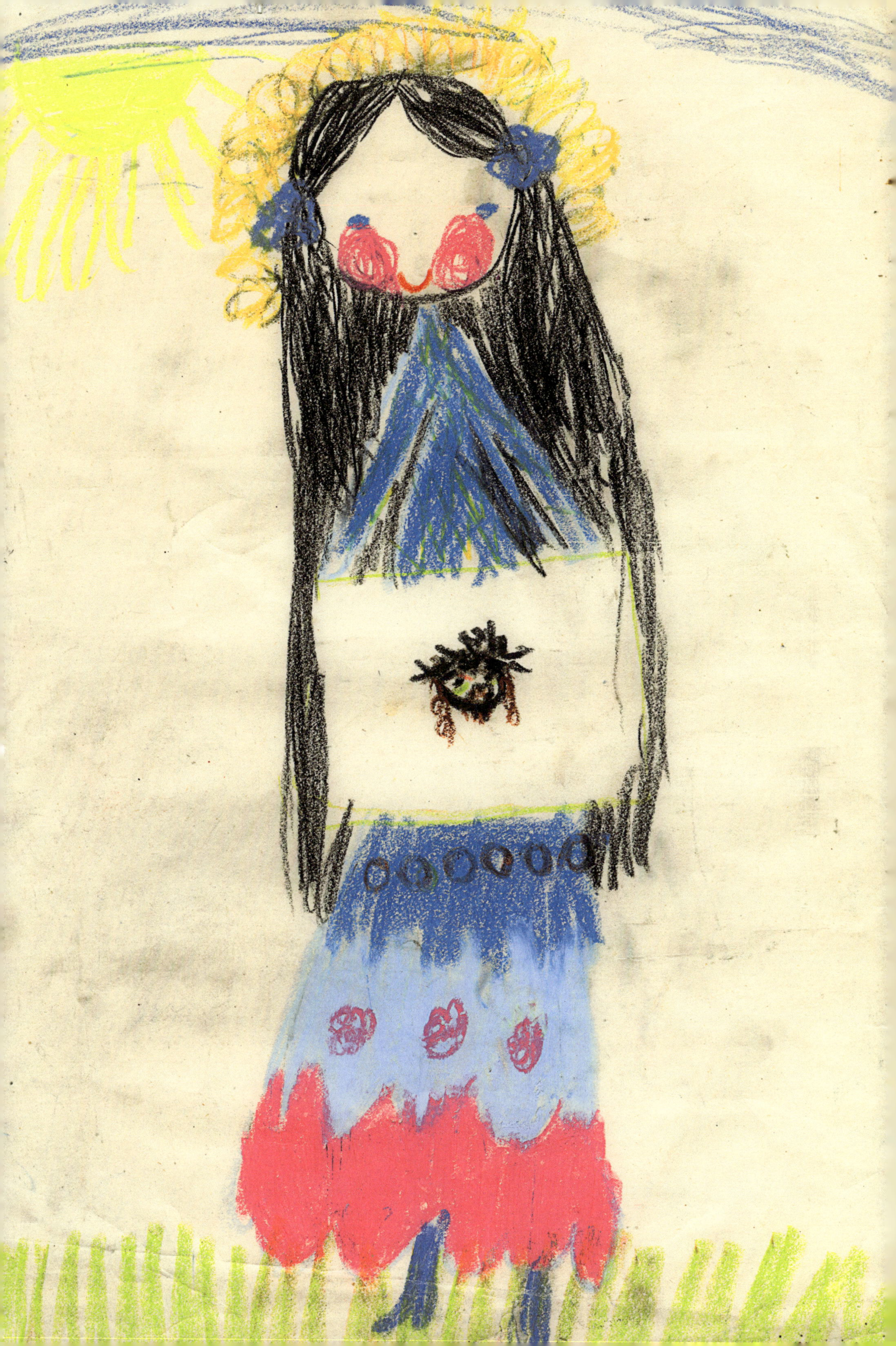

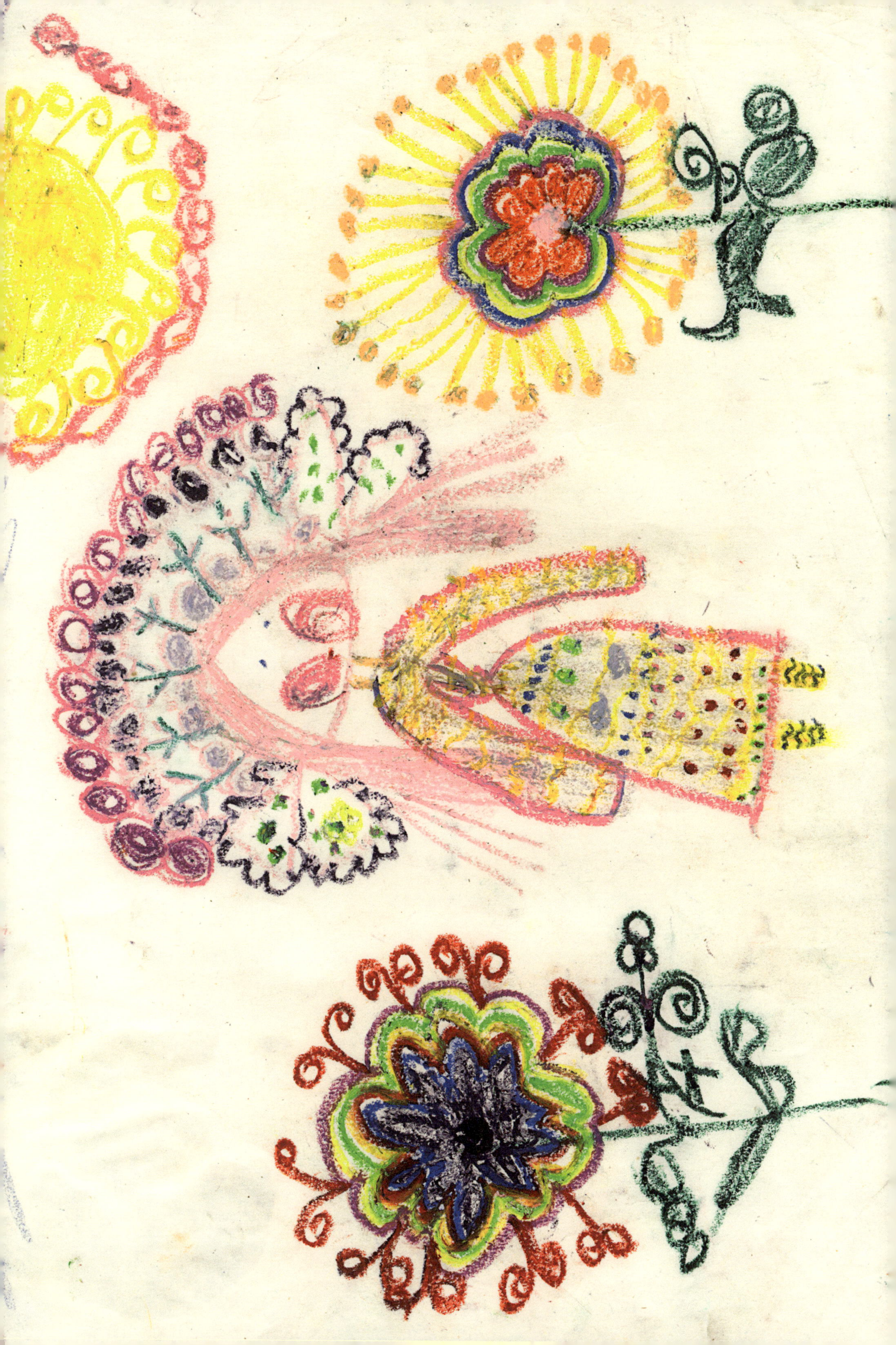

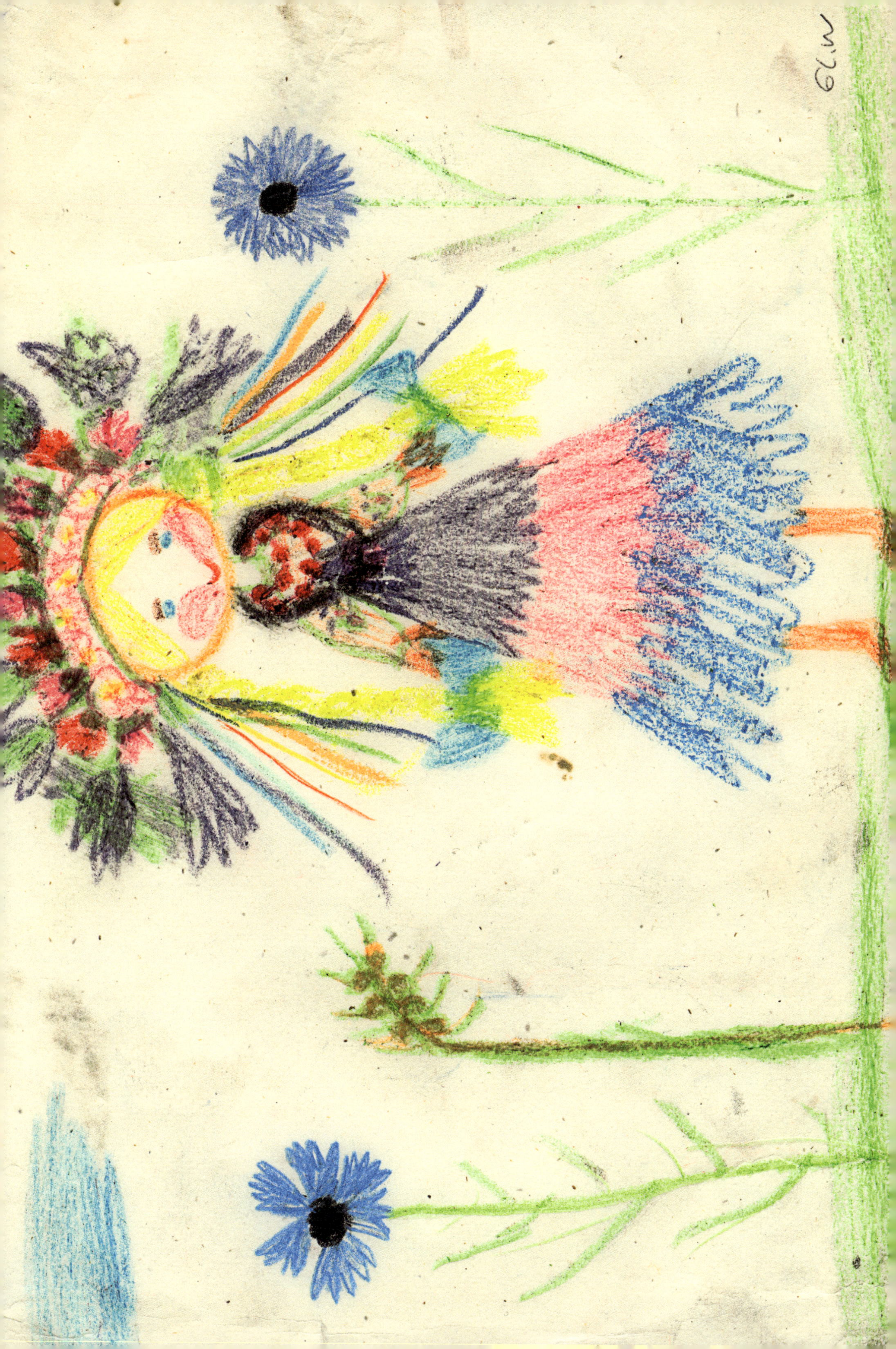

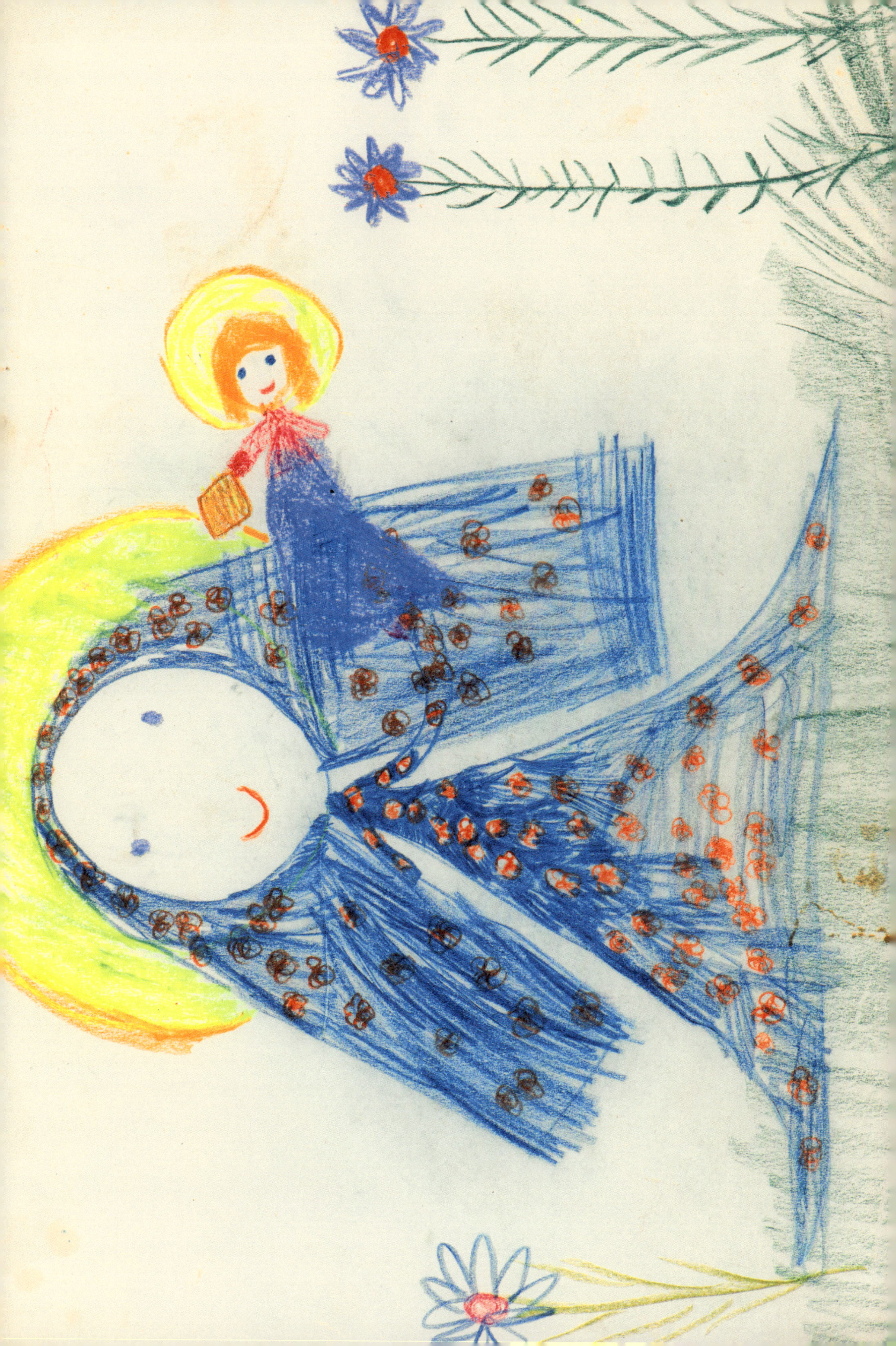

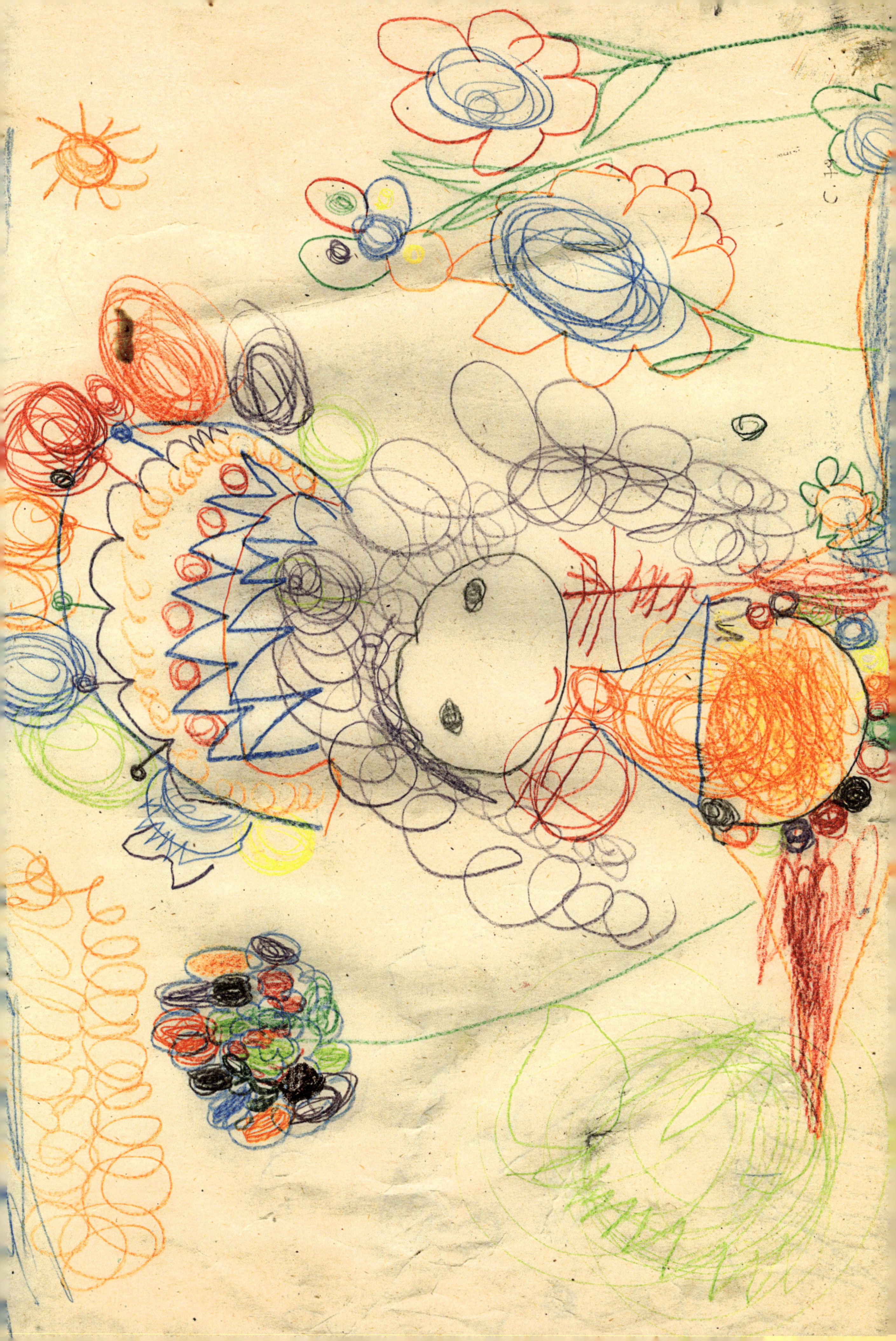

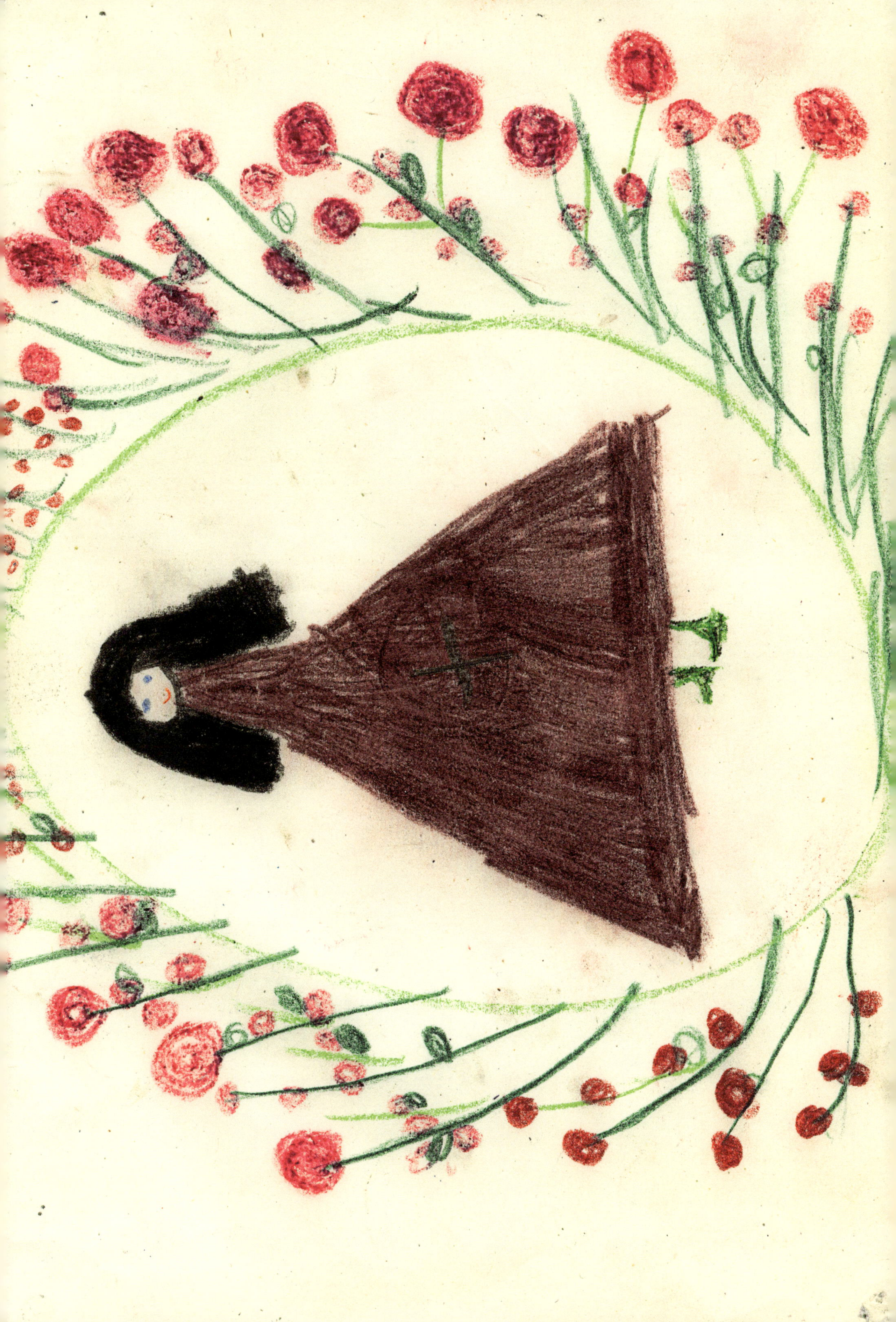

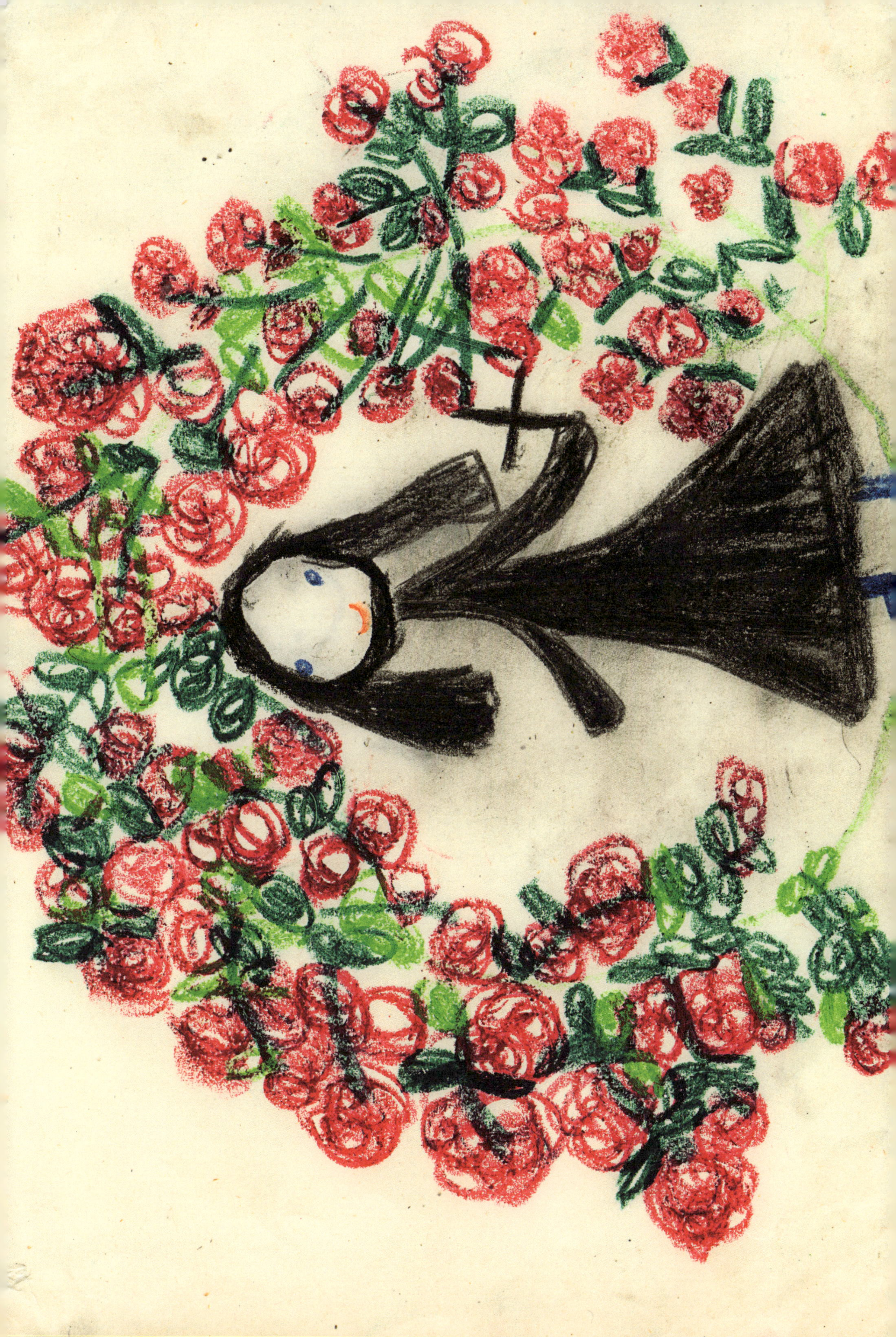

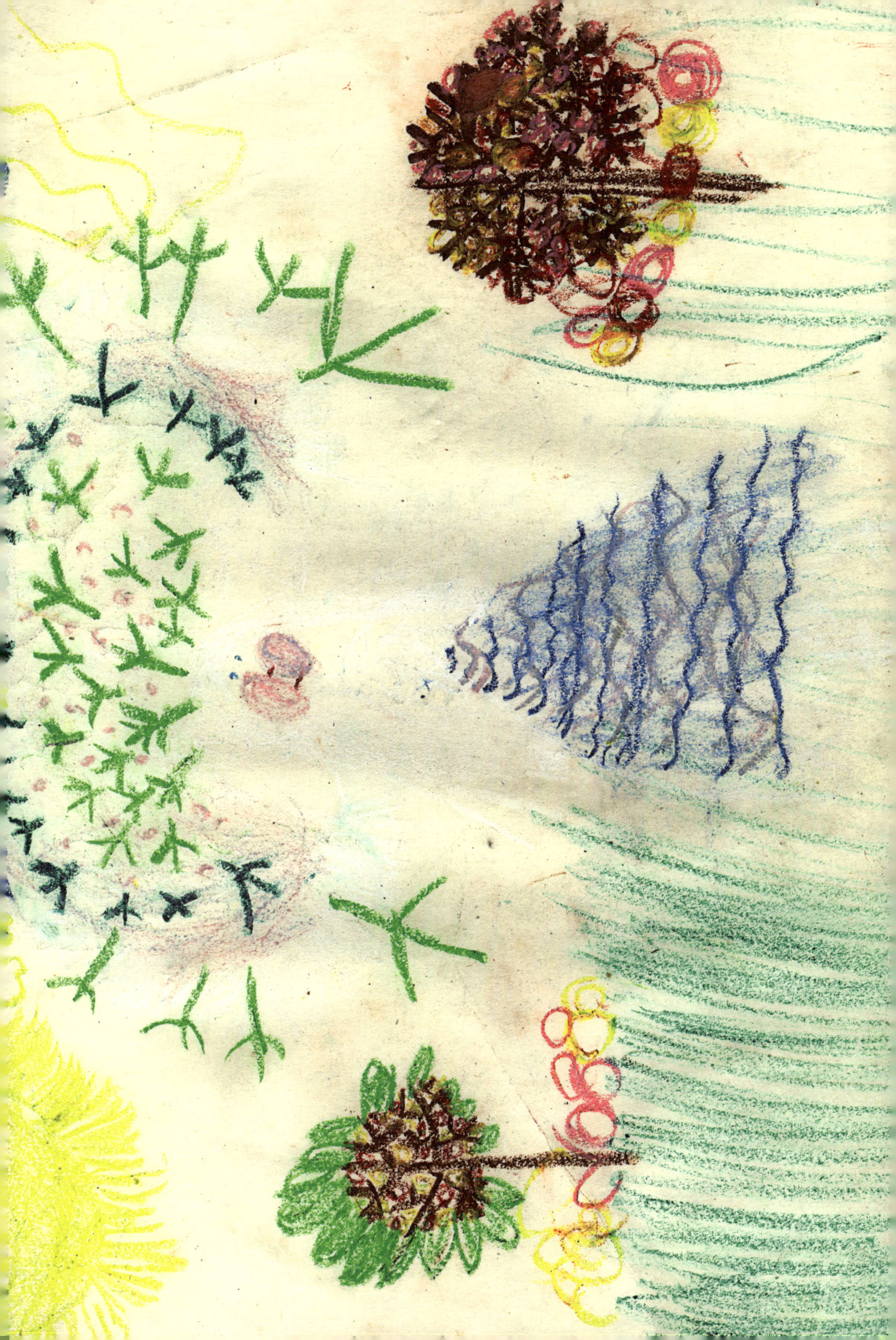

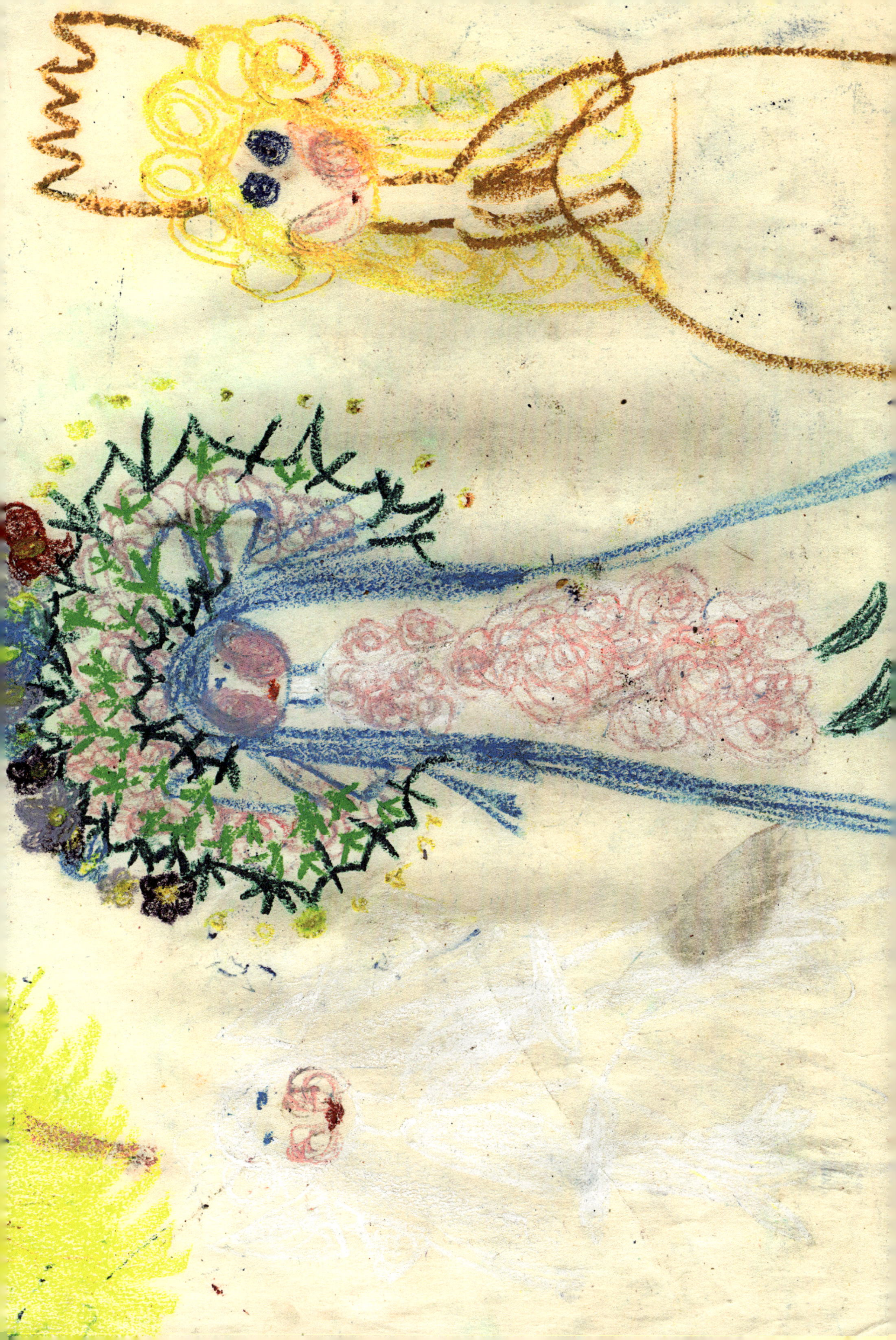

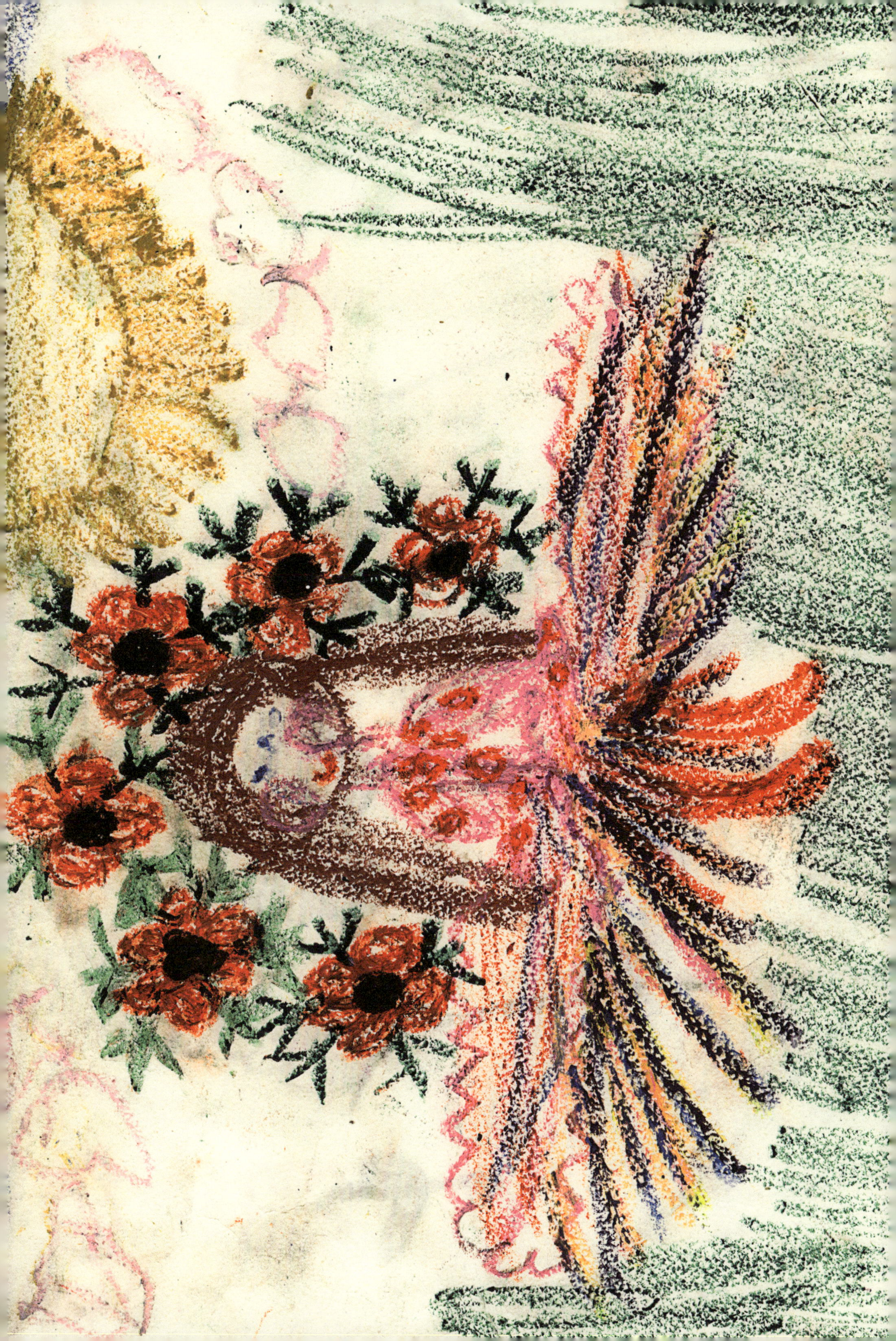

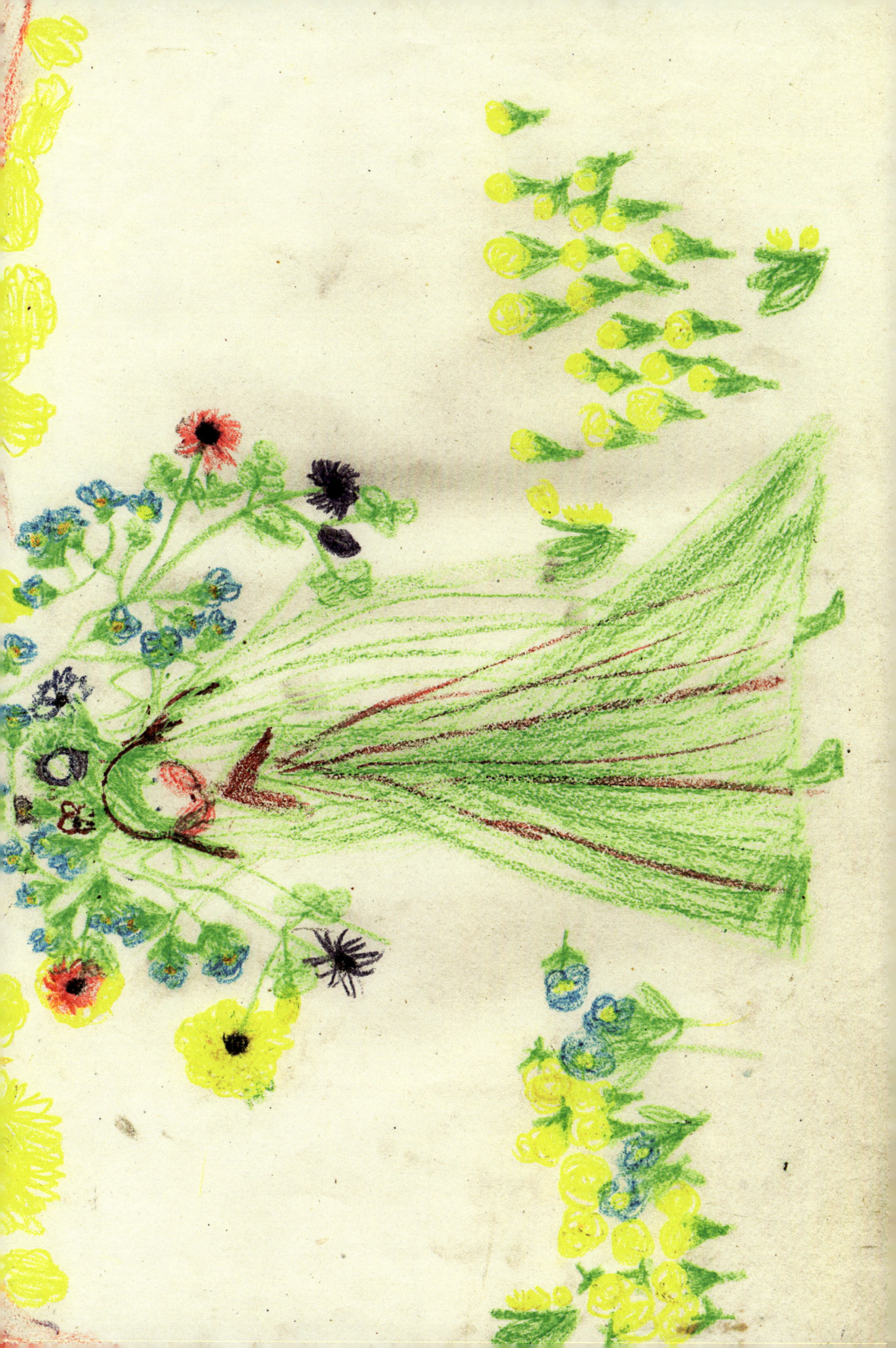

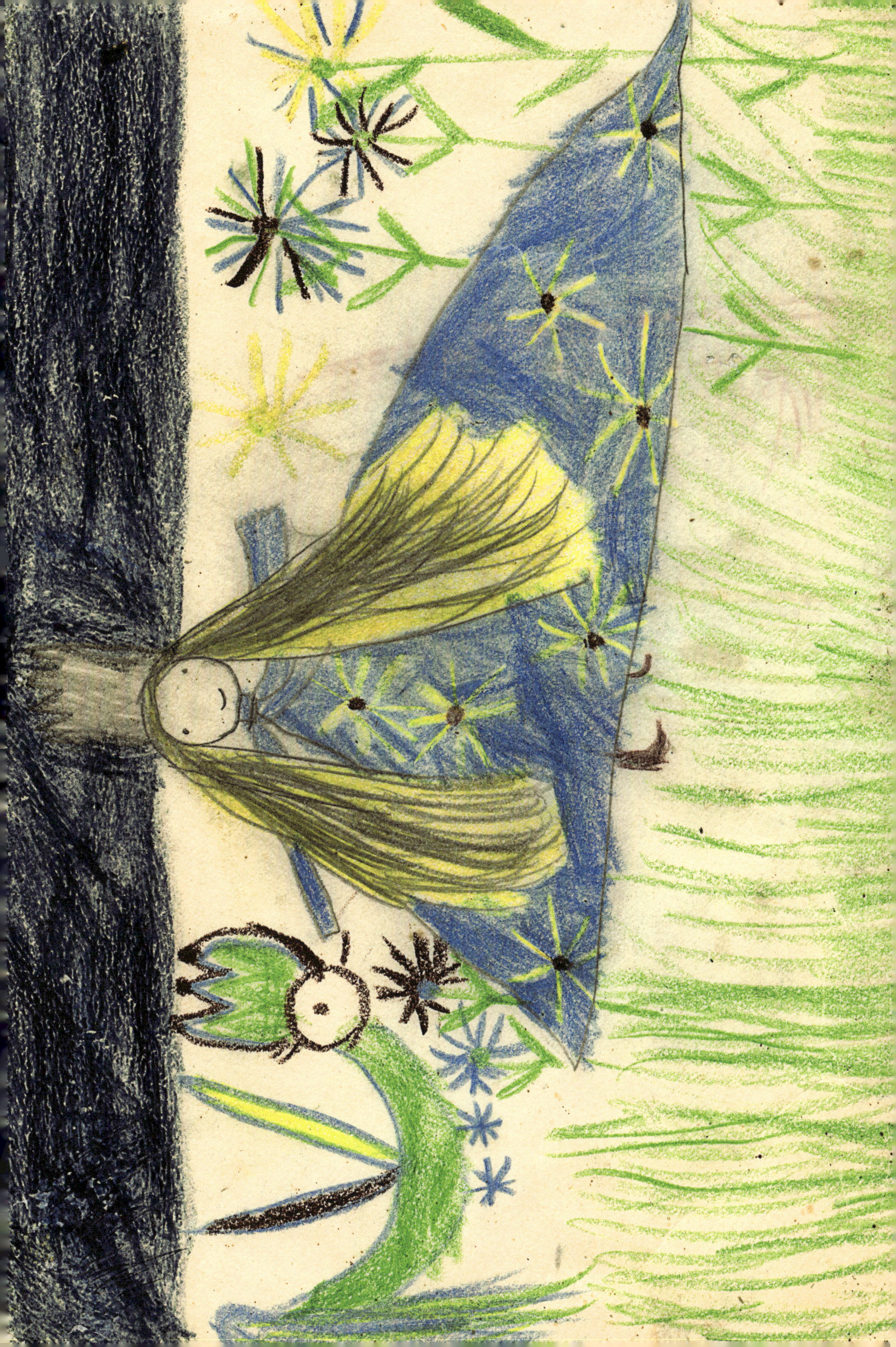

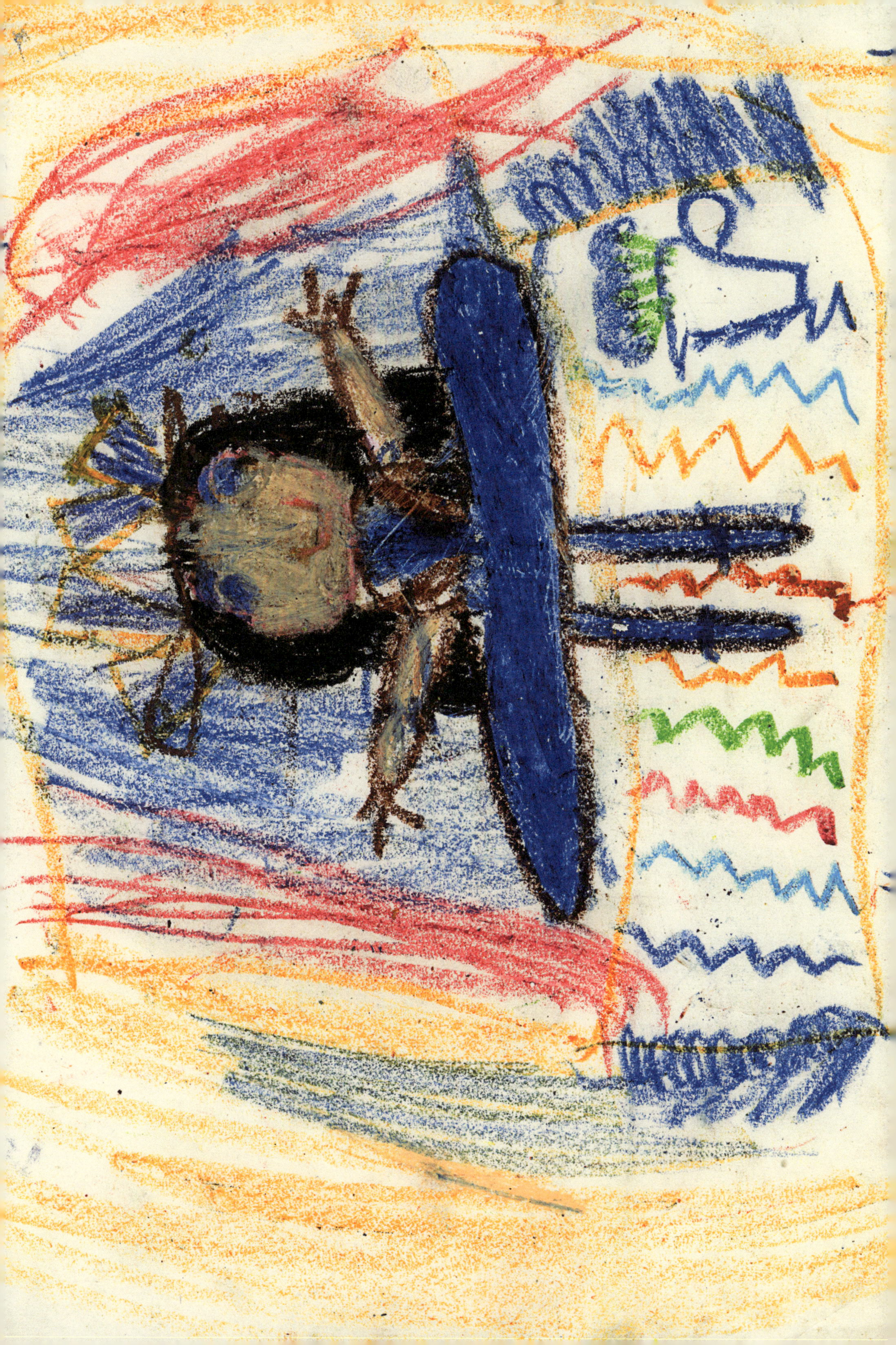

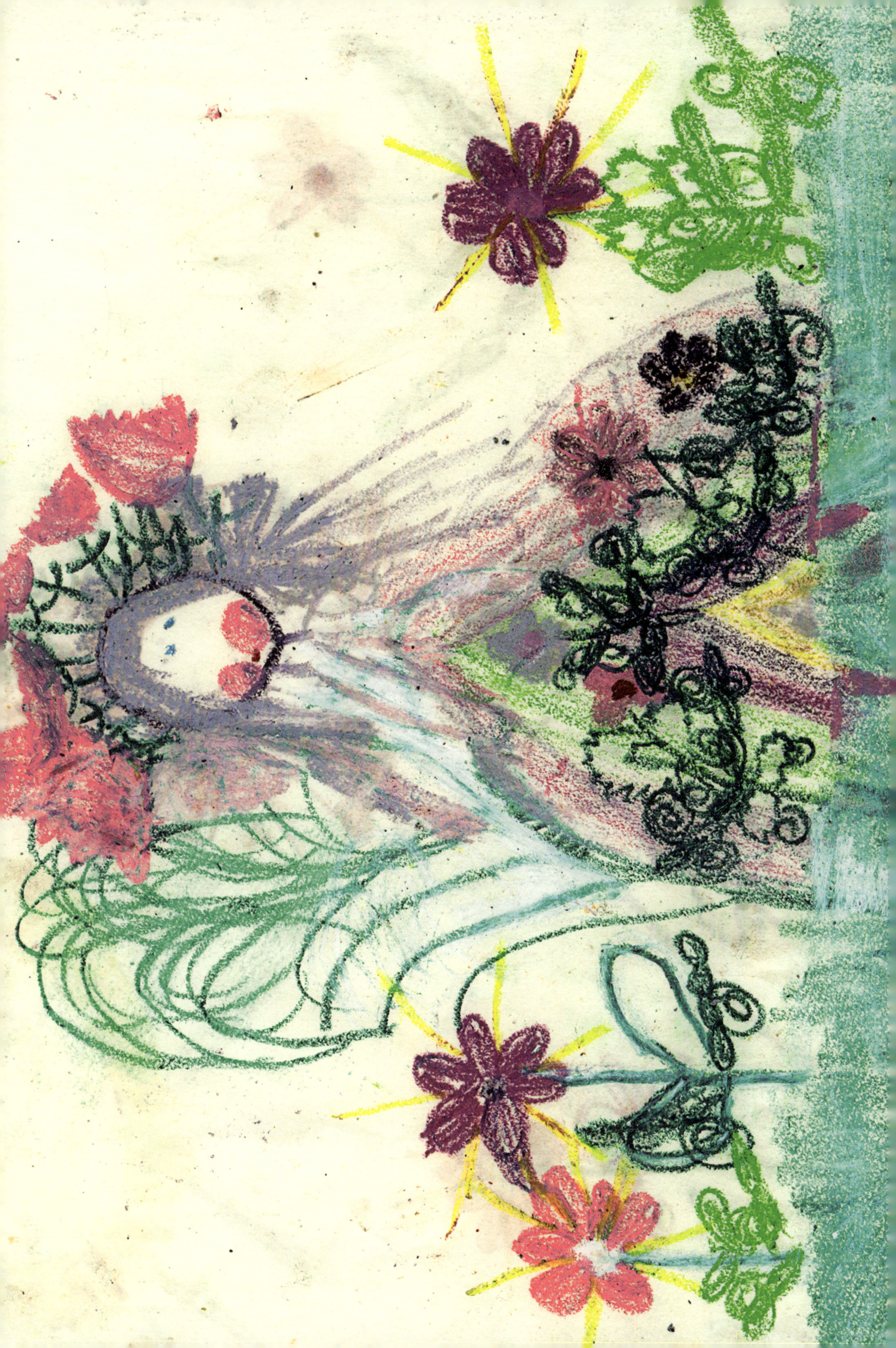

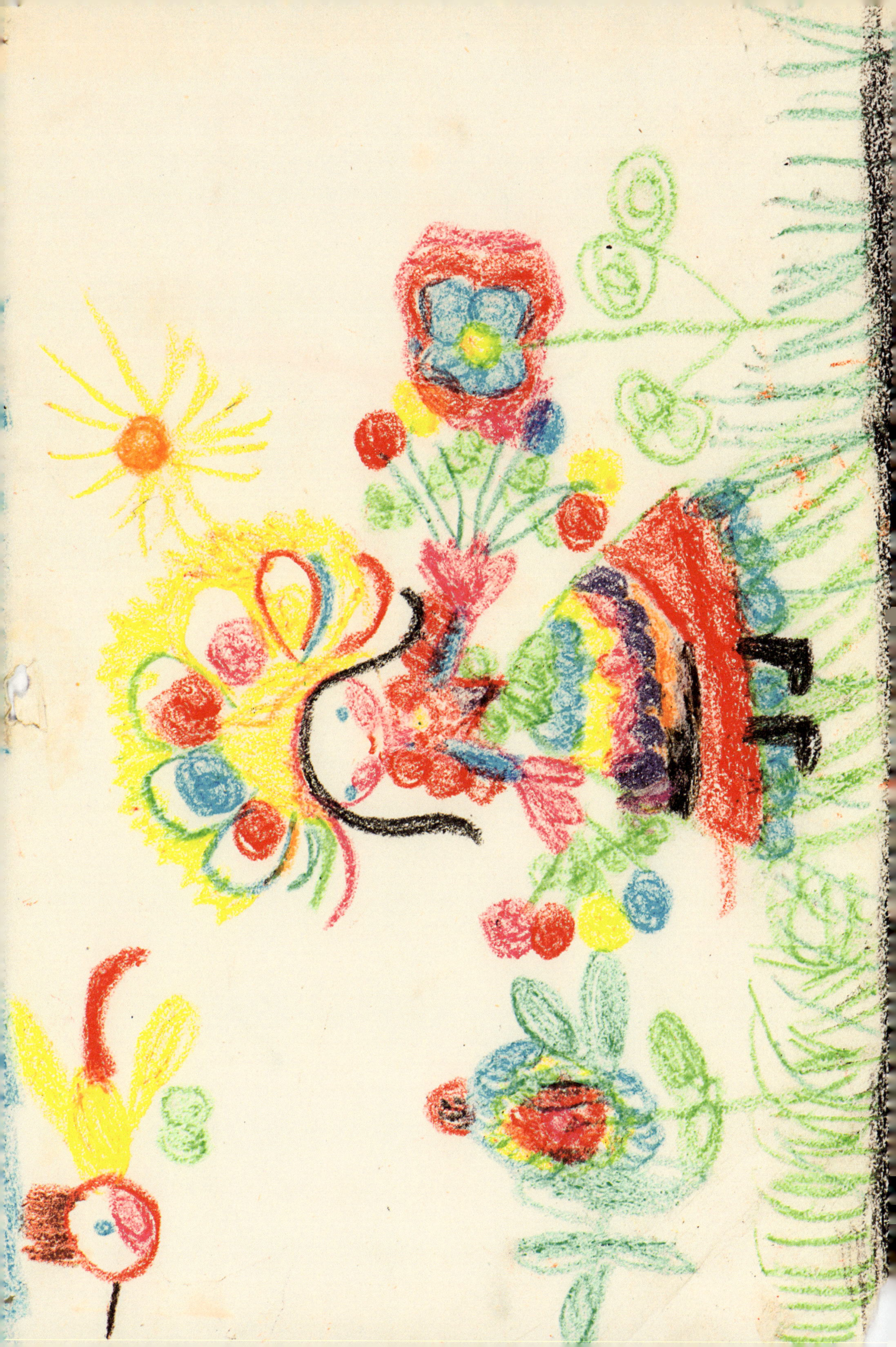

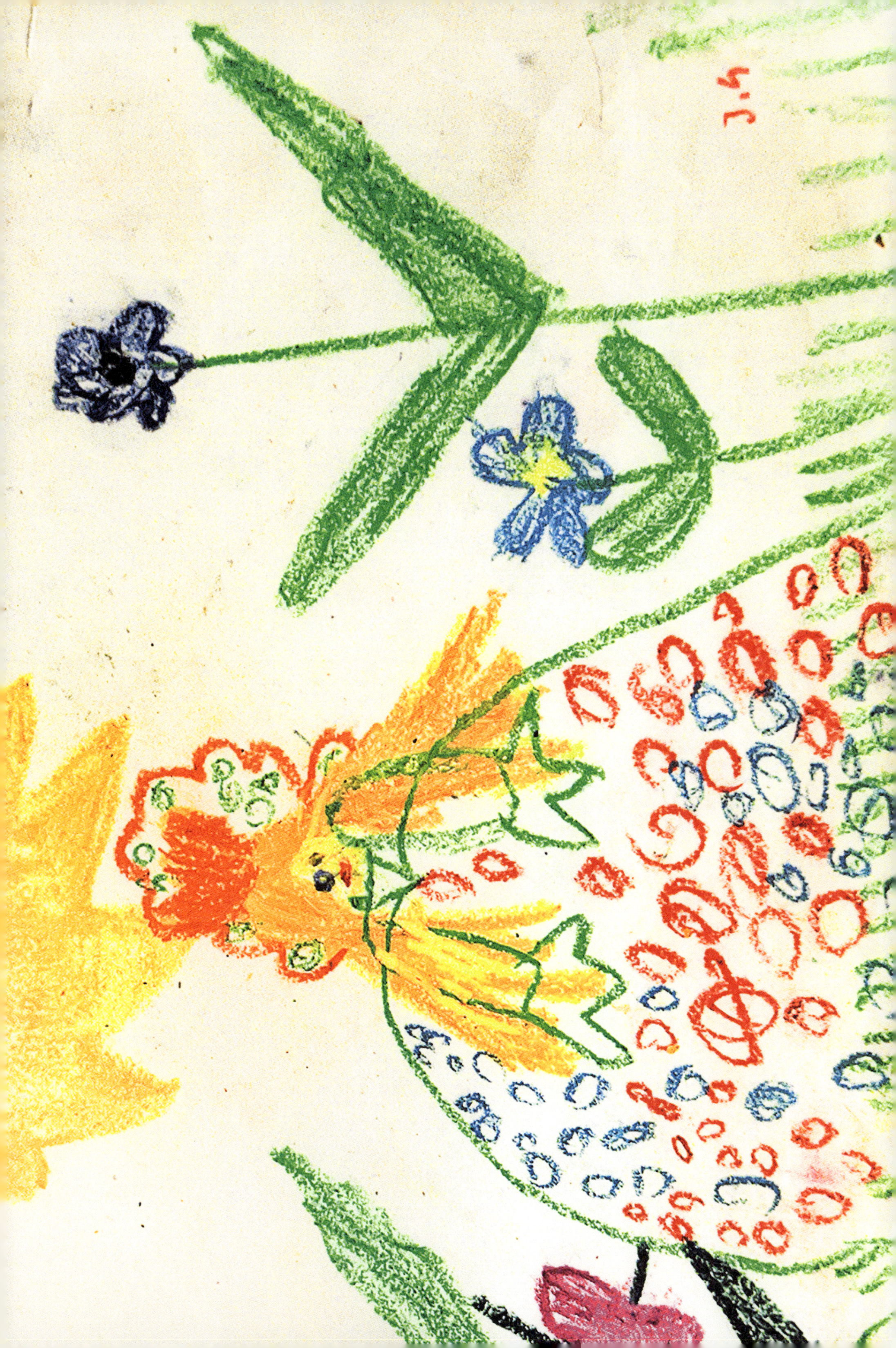

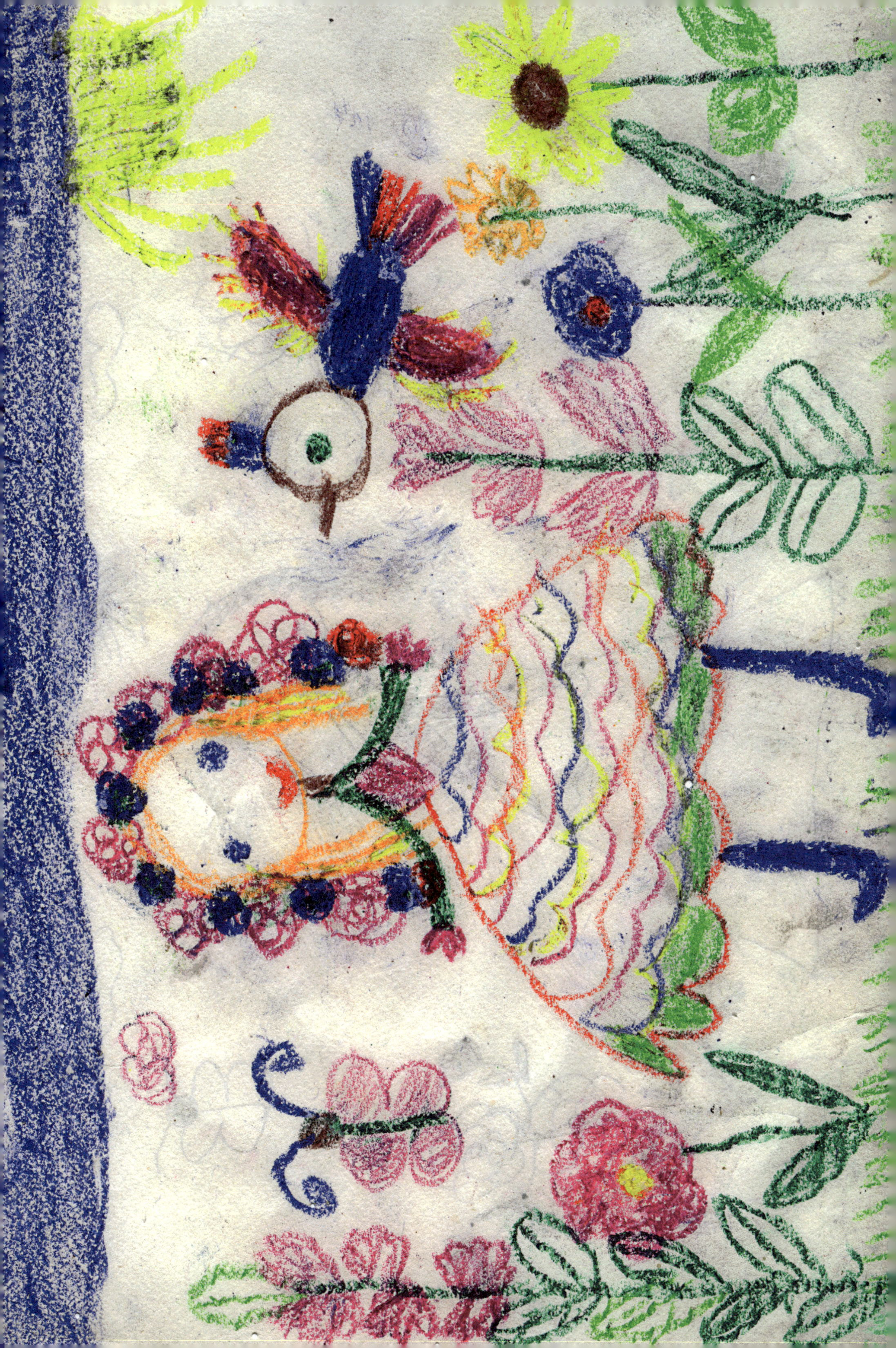

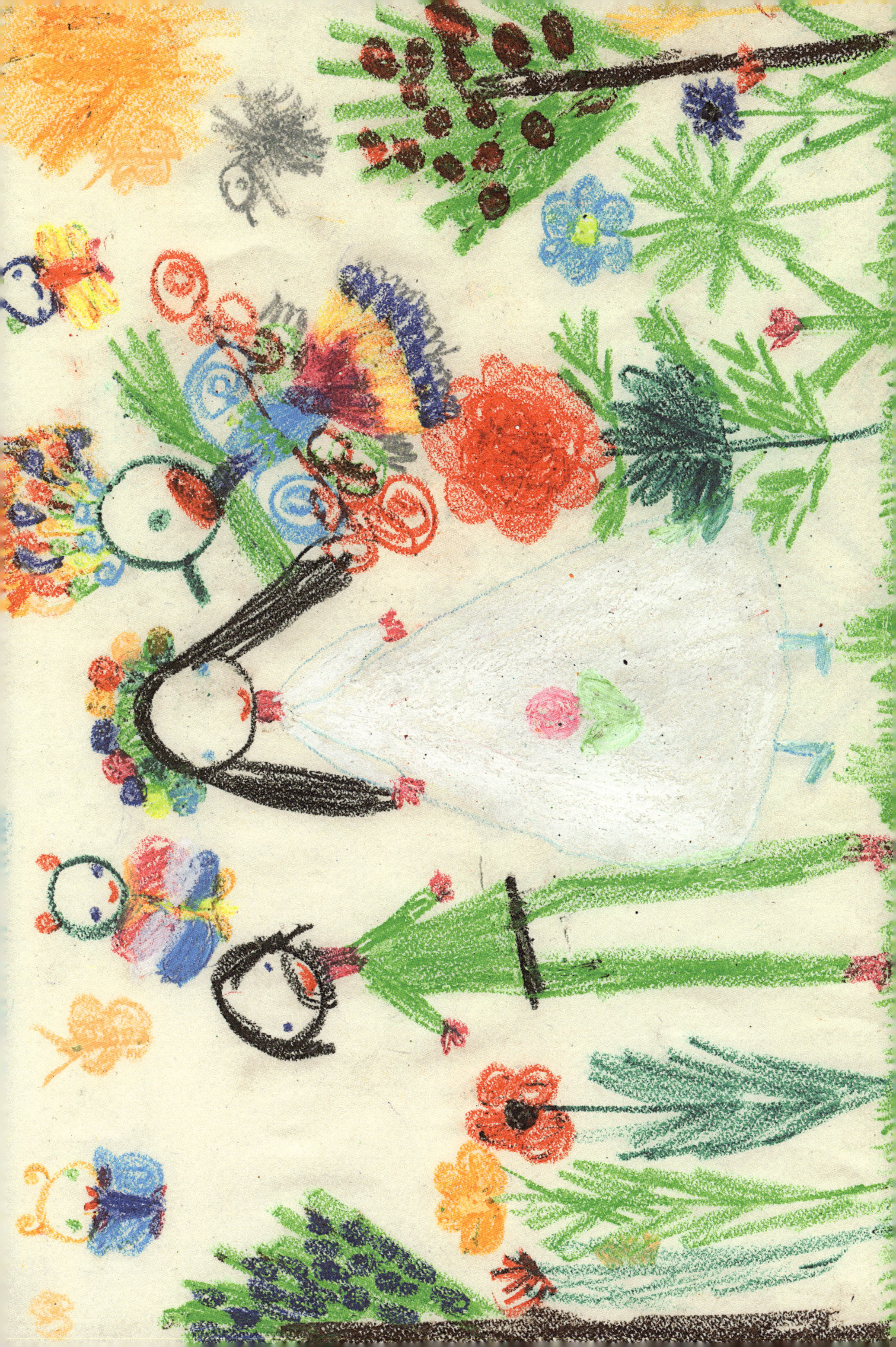

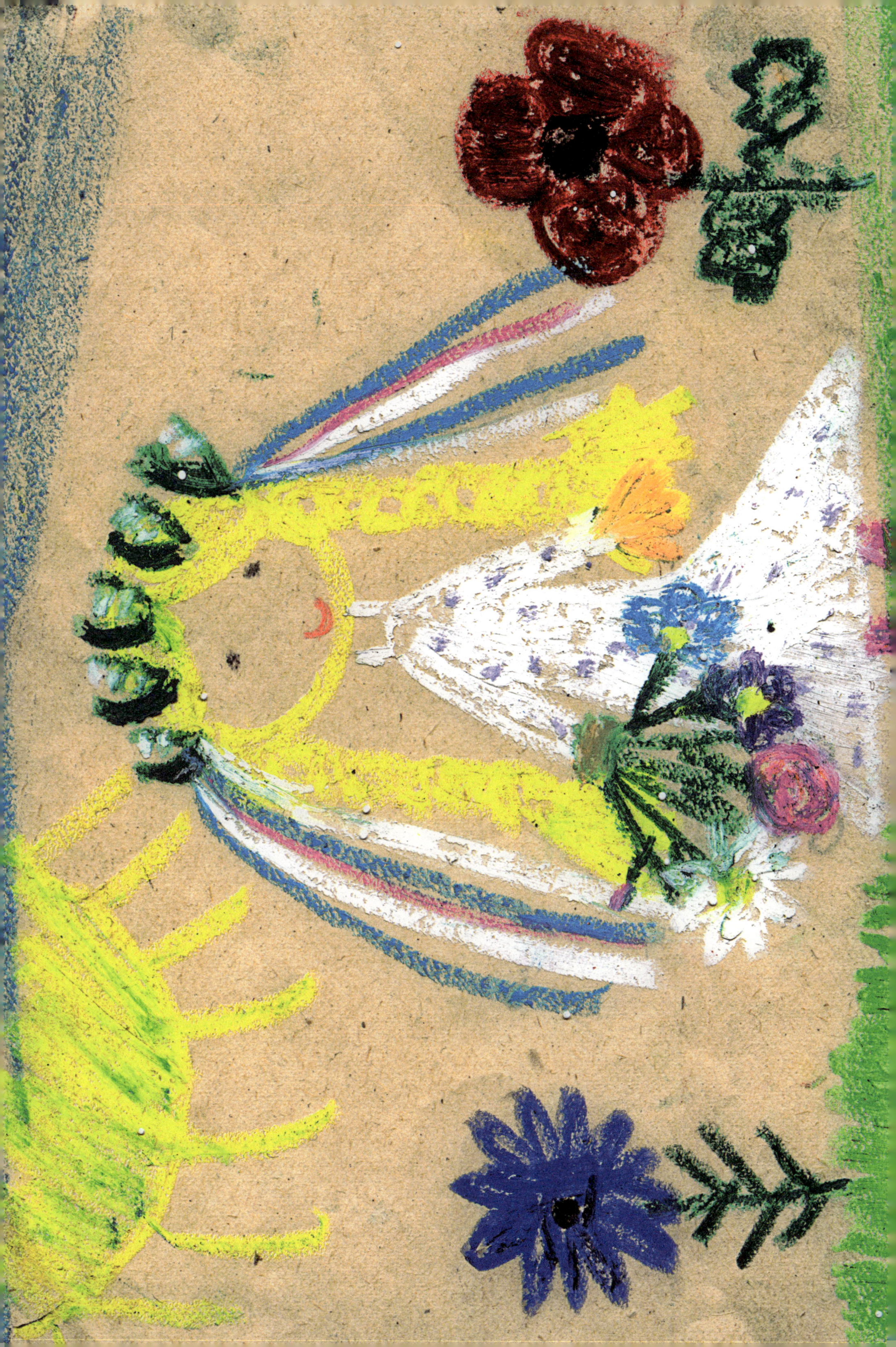

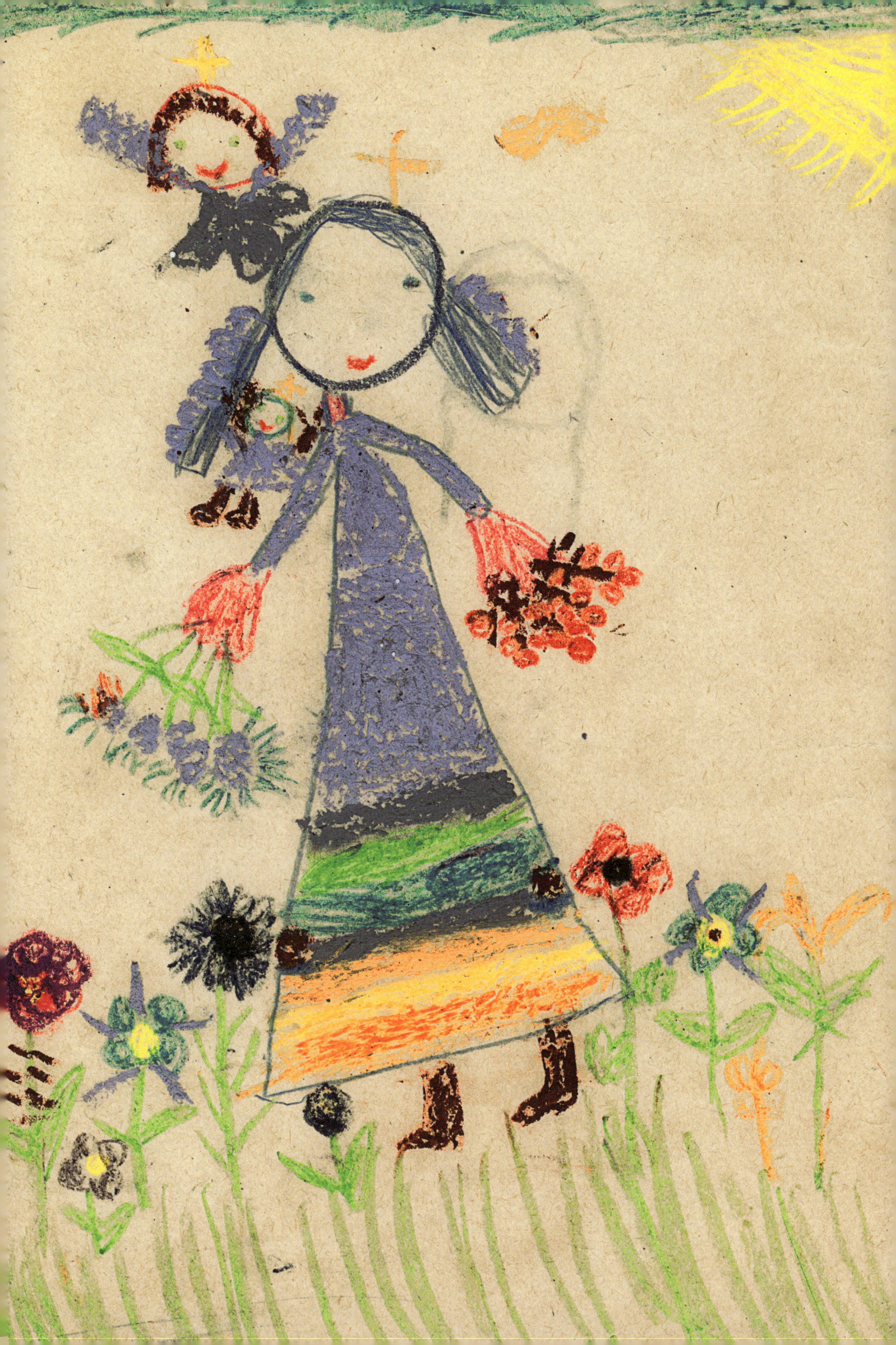

Justyna Koeke

Prinzessinnen und Heilige
Princesses and Saints

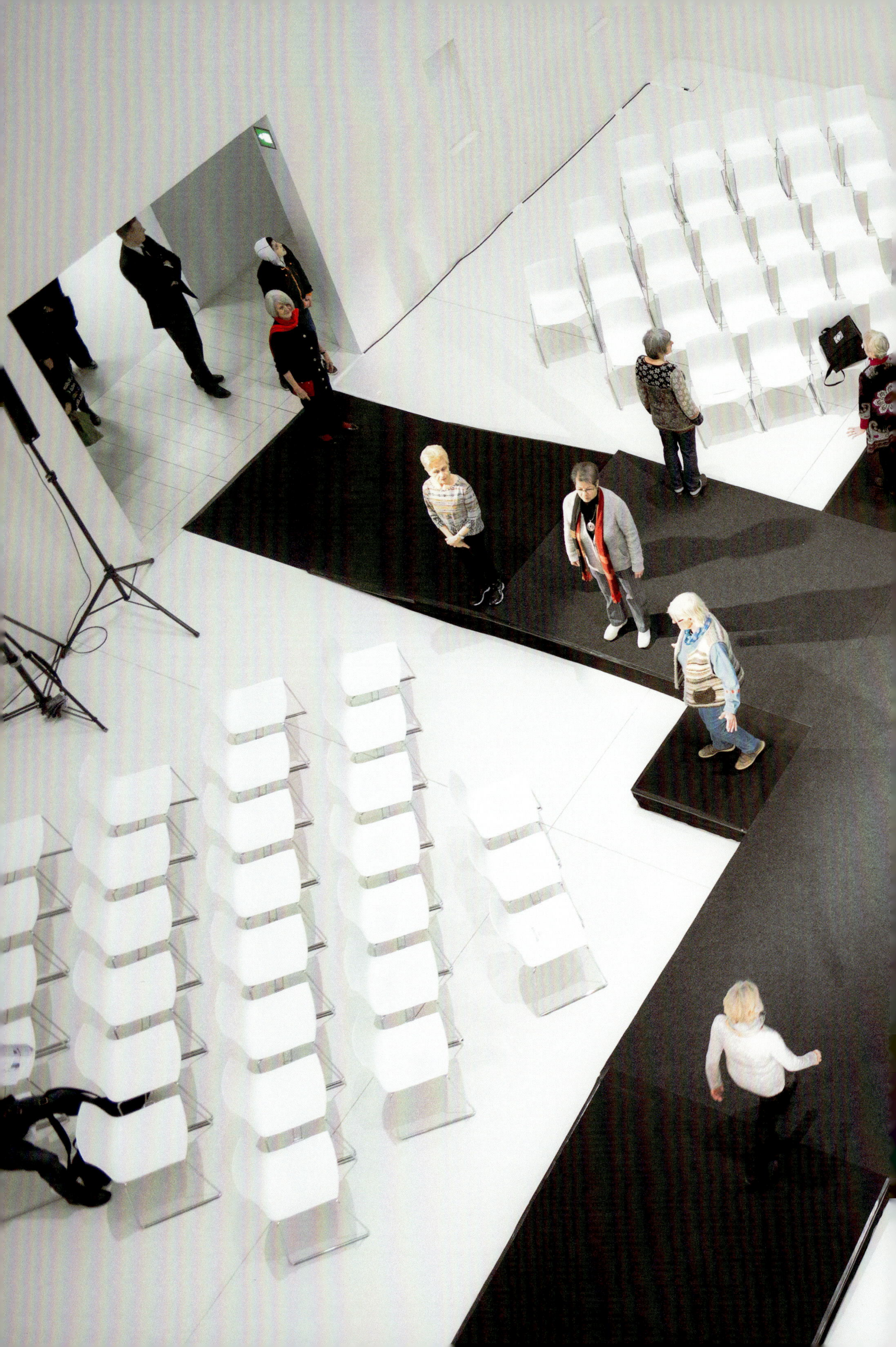

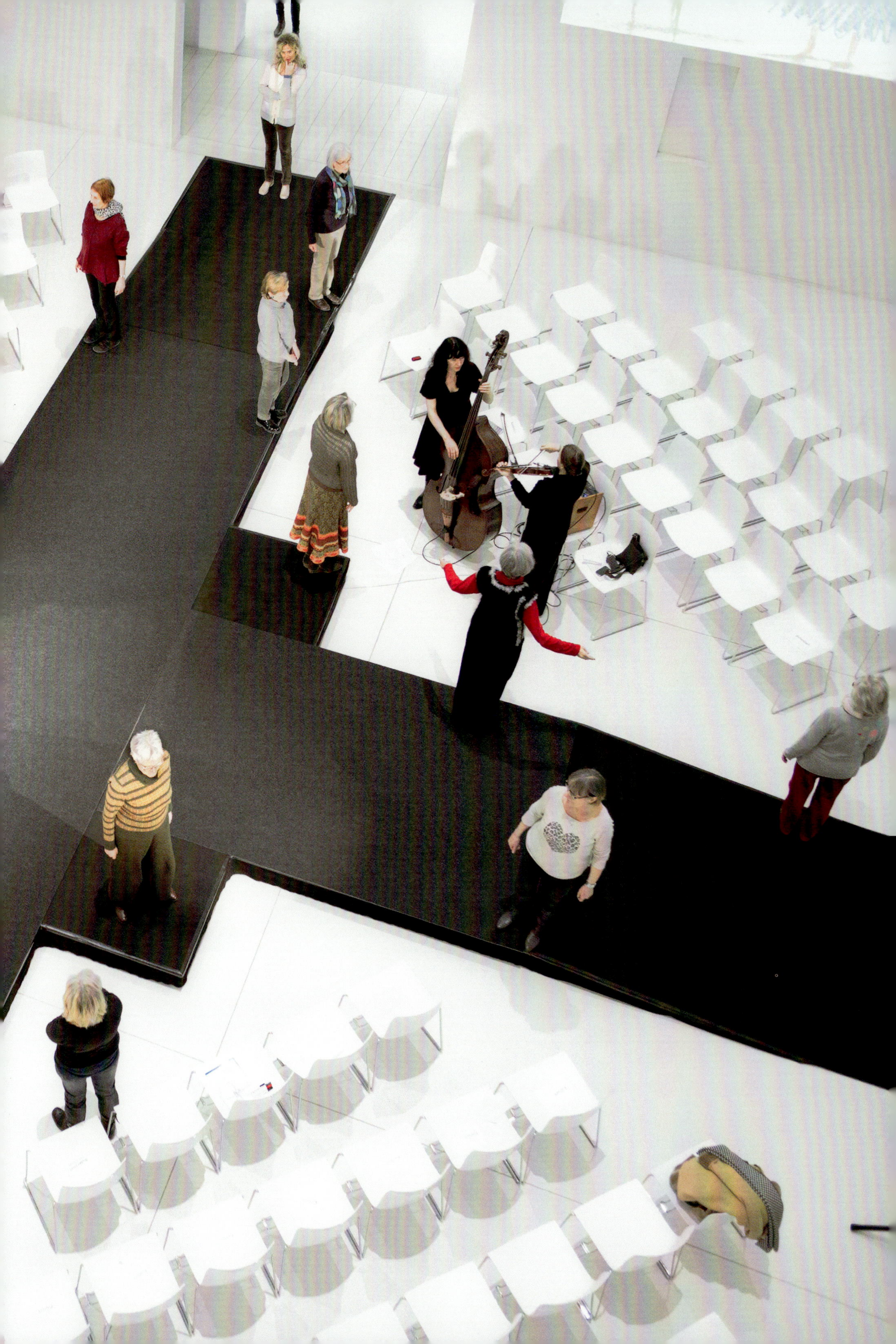

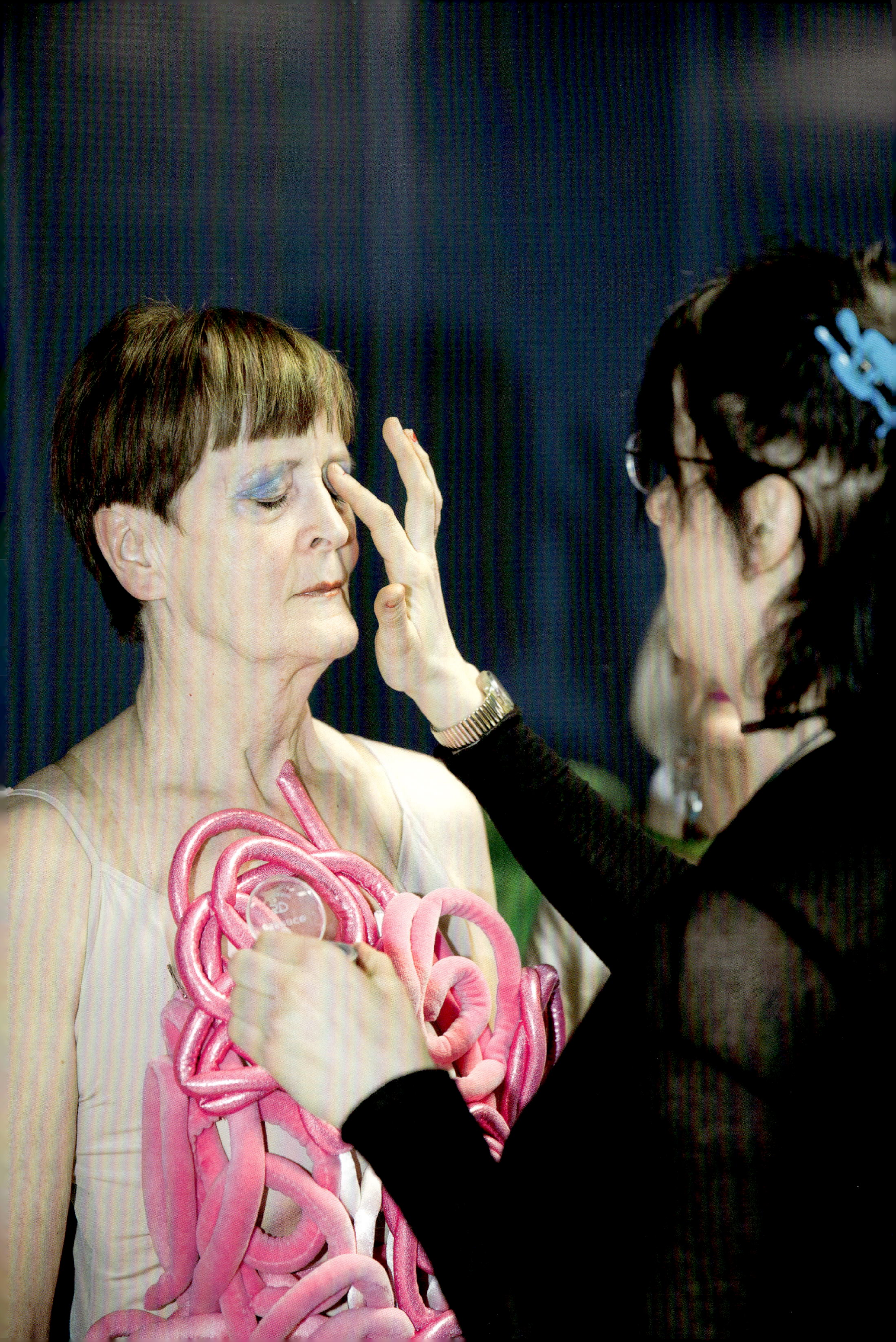

Machtvoll weiblich

Justyna Koeke spielt mit Rollenklischees. Mit einer traditionell an das Weibliche gebundenen Schönheit, aber auch mit der ebenfalls traditionellen Vorstellung triumphierender Weiblichkeit. Für sie gibt es in der europäischen Kultur eine lange Bild- und Denktradition. Einen frühen Höhepunkt erlebten diese im Kern misogynen Themen im Zeitalter der Renaissance, dessen zahlreiche diesbezüglichen Bilderfindungen heute zumeist unter dem Begriff der „Weibermacht“ zusammengefasst werden. Da wird der Heros Hercules gezeigt, der liebesblind durch die Königin Omphale zum Deppen gemacht wird, der Frauenkleider trägt und Wolle spinnt. Noch zahlreicher sind die Bilder biblischer Heldinnen, die männermordend sich den Geschlechtstrieb ihrer heroischen Opfer zu Nutze machen. Man denke nur an Judith mit dem Haupt des Holofernes oder an Samson und Delilah. Als triebgesteuerte Narren werden sogar die Geistesgrößen der Antike verspottet, Vergil etwa, der von einer schönen Jungfrau überlistet und dem allgemeinen Gespött preisgegeben wurde, oder Aristoteles, der von der Gespielin Alexanders des Großen verführt, überlistet und bloßgestellt wurde.[1]

Die Bilder, die Justyna Koeke findet, sind subtiler, aber nicht weniger machtvoll. In jedem Falle schärft sie die Aufmerksamkeit für Genderfragen. Die Auseinandersetzung mit Rollenklischees geschieht dabei auf ganz unterschiedlichen Ebenen und wird zu nicht geringen Teilen schon über das textile Material vermittelt. Textiles ist in den letzten Jahren zunehmend zum künstlerischen Medium geworden. Das zeigte sich in unzähligen Ausstellungen, beispielsweise auch auf der dOCUMENTA (13) oder der letzten Kunstbiennale in

Powerfully Feminine

Justyna Koeke plays with role clichés: With the idea of beauty which is traditionally attached to the feminine, but also with the similarly traditional idea of triumphant femininity. In European culture, both have a long tradition of thought and image. With an early peak in the Renaissance, there are numerous pictorial creations known under the notion of "Power of Women" drawing on these topics, misogynic at their core. They show the hero Hercules blinded by love to Queen Omphale who makes a fool of himself, wearing women's clothes, and spinning wool. Even more proliferating are images of biblical heroines who play on the sexual instinct of their heroic victims, longing for androcide. Just think of Judith with Holofernes' head, or of Samson and Delilah. Even great minds of the ancient world are satirized as instinct-driven fools: Vergil, duped by a beautiful virgin and mocked publically, or Aristotle, who has been seduced, deceived, and embarrassed by the playmate of Alexander the Great.[1]

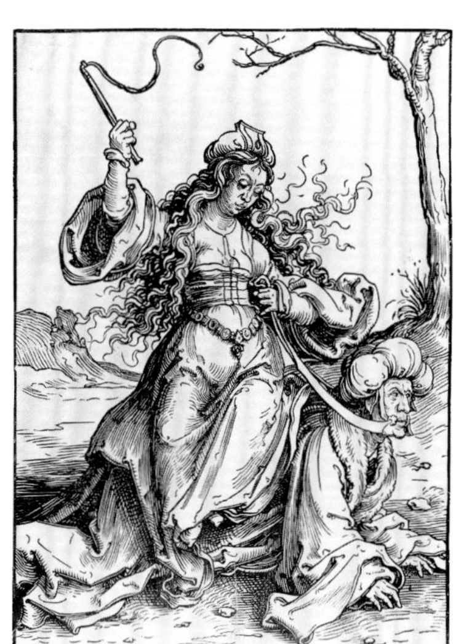

Lucas Leyden
Aristoteles und Phyllis
ca. 1515, Holzschnitt
Aristoteles and Phyllis
ca. 1515, woodcut
407 × 293 mm

Venedig, wo das Textile in der zeitgenössischen Kunst eine neue Präsenz gewann. Justyna Koeke darf dabei für sich in Anspruch nehmen, dass sie lange, bevor es zum allgemeinen Trend wurde, mit Stoff gearbeitet hat. Nicht nur die Wahl dieses Materials, sondern auch die Stofflichkeit ihrer Arbeiten im inhaltlichen Sinn sind untrennbar mit ihrer Biografie verbunden.

Jusytna Koeke wurde 1976 in Krakau in eine Künstlerfamilie hineingeboren. Der Vater war Orchestermusiker an der Krakauer Oper, die Mutter war als Bildhauerin tätig. Die Kunst war mithin schon in ihrer Kindheit gegenwärtig und die große bunte Welt der Oper ein selbstverständlicher Teil der frühen Biografie. Große Abendroben und bunte Kostüme waren nicht nur Gegenstand kindlicher Träume, sondern eine reale Gegenwelt zu der streng katholischen Erziehung in der Schule.

Ausgangspunkt für Justyna Koekes Kostümkreationen für die *Prinzessinnen und Heilige*-Kollektion sind Kinderzeichnungen, die sie und ihre Schwestern Weronika und Cecylia Ende der 1970er und Anfang der 1980er Jahre angefertigt haben. Die Kinderzeichnungen haben einen ganz eigenen und hohen ästhetischen Wert. Es mag deshalb durchaus viel Wahres an der von Paul Klee überlieferten Erzählung sein, dass es für den damals 22-jährigen Künstler zu einer Art Offenbarung wurde, als er zufällig seine Kinderzeichnungen wiederentdeckte. „Die frühesten figuralen Darstellungen (…) sind bis jetzt das Bedeutendste (…) Kurz, ich bin sehr stolz auf sie“, schrieb Klee voll Stolz an seine Verlobte Lily Stumpf. Der Stolz auf die kindlichen Hervorbringungen und die Entdeckung der Hohen Kunst in den Bildern der Kleinsten eint Klee mit zahlreichen Vertretern der Kunst des 20. und

The pictures Justyna Koeke ideates are more subtle but not less powerful. By all means, she raises awareness for gender issues. She treats the role clichés on different levels, while part of the discourse is already mediated through the textile material. Textile has increasingly developed into an artistic medium within the last years. This becomes apparent in countless exhibitions, for example the dOCUMENTA (13) or the latest art biennial in Venice where the textiles in contemporary art have achieved a new presence. Justyna Koeke can claim that she has worked with cloth long before it was a general tendency. Not only the choice of material, but also the materiality of her work regarding its content are inseparably linked to her biography.

Justyna Koeke was born into an artist family in Krakow. The father was an orchestra musician at the Krakow Opera, the mother worked as a sculptor. Consequently, art was present during her childhood, and the great colorful world of the opera was a natural part of her early biography. Big evening gowns and brightly colored costumes did not simply appear in her dreams but constituted a real alternative world to the strict catholic education at school.

The starting point for Justyna Koeke's costume creations for the collection *Princesses and Saints* are children's drawings that she and her sisters Weronika and Cecylia sketched at the end of the 1970s and beginning of the 1980s. Children's drawings have a very particular and high aesthetic value. That's why there may be much truth in the anecdote about Paul Klee that, for the then 22-year-old artist, finding his children's drawings again by accident has been a kind of revelation.

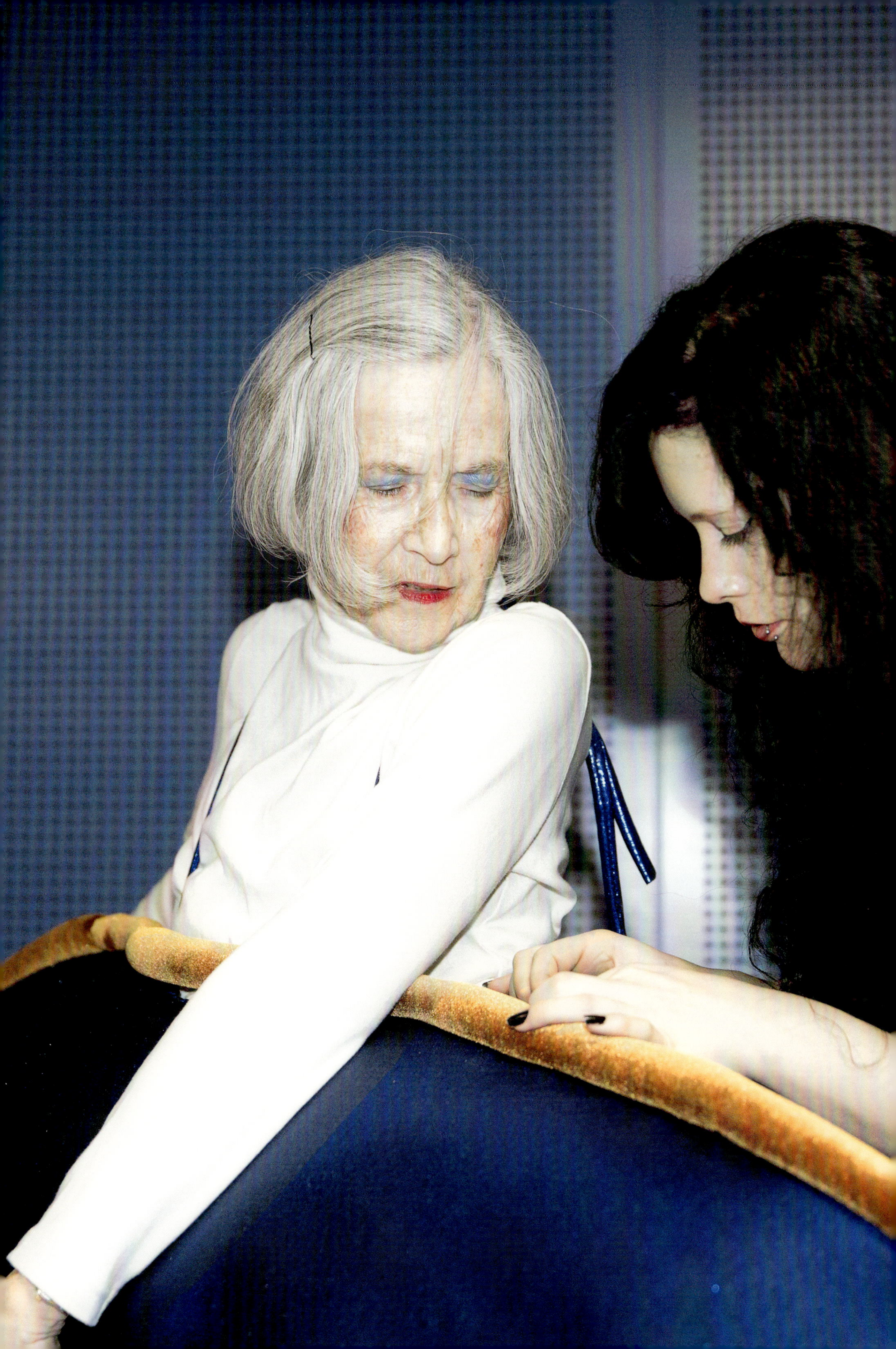

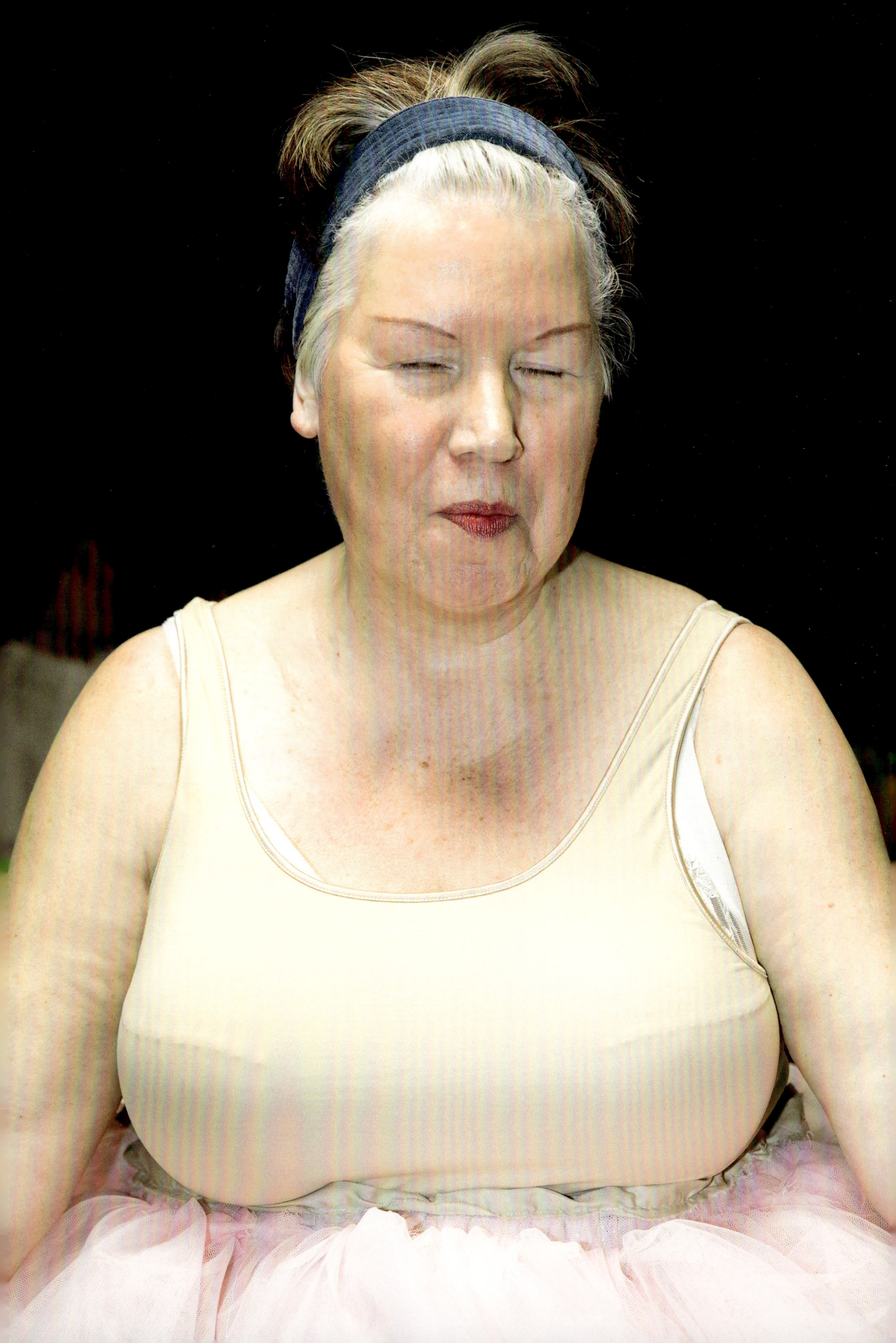

21. Jahrhunderts, von denen etliche sich bemühten, in ihren Arbeiten einen Teil des kindlichen Ausdrucks wieder lebendig werden zu lassen.

Justyna Koeke ahmt die Freiheit der Kinderzeichnungen nicht nach. Vielmehr bemüht sie sich, die Zeichnungen so ernst zu nehmen wie die Näherin die Entwürfe eines Haute-Couture-Schneiders. Möglichst alle Details werden in das textile Medium übersetzt, wobei nicht selten auch der gezeichnete Umraum der Prinzessinnen und Heiligen zum Teil des Kostüms wird. Die Kinderzeichnungen dokumentieren die Imagerie und Bilderwelt eines kleinen katholischen Mädchens im Polen der 1970er Jahre. Sie sind aber deutlich auch von der Pracht neobarocker Opernkostüme inspiriert, die seinerzeit ebenfalls zu Justyna Koekes visuellem Alltag gehörten. Was auf diesem Wege entsteht, sind tragbare Skulpturen, die den zeichnerischen Charakter der Vorlagen so wenig verleugnen wie den visuellen Kosmos der Kinderzeit. Die Transformation in ein anderes Medium und eine andere Zeit sorgt aber auch dafür, dass diese skulpturalen textilen Arbeiten eine spürbare und ganz eigene inhaltliche Dimension vermitteln. Am Körper ihrer Trägerinnen und im Zusammenspiel mit ihnen werden die Skulpturen zum redenden Bild.

Wer sich beim Blick auf die Zeichnungen und die Kostüme zu sehr auf die Formen der Übertragung und auf die spezifischen Figurationen konzentriert, übersieht den performativen Aspekt der Arbeit, der ein hohes Maß an inhaltlicher Tiefe enthält. Die Prinzessinnen, Damen und heiligen Frauen, die so viel kindliche Anmut transportieren, und es sei hier noch einmal betont, dass tatsächlich nur Frauen dargestellt werden, stehen nicht für sich. Sie werden von Frauen vorgeführt

"The earliest figural pictures are the most important ones up to now. (...) In short, I'm very proud of them", Klee writes full of pride to his fiancée Lily Stumpf. Both, being proud of childhood creations and discovering high art in pictures by the little ones, unites Klee with countless representatives of the art of the 20th and 21st century. Quite a few of them have sought to revive part of their childish expression in their work again.

Justyna Koeke does not imitate the freedom of children's drawings. In fact, she aims for taking the drawings as serious as a sewer would take the sketches by an haute couture tailor. As many details as possible are transferred into the textile medium, even the sketched background of the princesses and saints frequently becomes part of the costume. The children's drawings are documents of the imagery and visual world of a small catholic girl in 1970s Poland. Additionally, they are clearly inspired by the glory of neo-baroque opera costumes which belonged to Justyna Koeke's visual everyday life at the time. On this basis, she develops wearable sculptures which neither deny their graphic character nor the visual cosmos of childhood. Transforming both into another medium and another time enables the sculptural textile work to carry its own sensible and contextual dimension. On the wearers' bodies, and in relation to them, the sculptures turn into an eloquent picture.

Whoever concentrates too much on the way of translation and specific figurations while looking at the drawings and the costumes, fails to see the performative aspect of the work with its high level of content and depth. With all their infantile grace, the princesses, ladies and saints—to emphasize that: only women are depicted—

und getragen, die äußerlich sichtbar die Kindheit schon längst hinter sich gelassen haben. Aber wie steht es hier um Außen und Innen? Begegnet man mit Blick auf derartige Alterszuschreibungen nicht den gleichen Stereotypen, die auch der Genderdiskurs mit Blick auf die Geschlechterrollen offenlegt? Das naive Kind, der alte Weise oder die weise Alte sind genauso gesellschaftliche Stereotypen, wie die in ihrer Pflegebedürftigkeit wieder zum Kind gewordenen Alten. Aber was ist denn kindlich und was alt? Bezeichnen diese Begriffe wirklich eine Dichotomie, einen unüberbrückbaren Gegensatz?

Ganz zwanglos stellen Kostüme von Justyna Koeke mit ihren Trägerinnen diese Frage in den Raum. Welche Geltung hat der biologische Lebenszyklus für den menschlichen Geist? Eine philosophische Antwort darauf hat Friedrich Nietzsche gegeben, der 1883 in seinem dreiteiligen Werk *Also sprach Zarathustra. Ein Buch für Alle und Keinen* jene drei Verwandlungen beschrieb, die der menschliche Geist auf dem Weg der Wesens- und Selbstfindung zu durchlaufen habe: „Wie der Geist zum Kamele wird, und zum Löwen das Kamel, und zum Kinde zuletzt der Löwe."
Was sich hinter diesem Gleichnis verbirgt, ist eine von Nietzsche auch an anderer Stelle geäußerte Idee der ewigen Wiederkehr. Es ist das Bild einer in weitem Bogen verlaufenden Entwicklung vom Kind zu einem sich seiner selbst bewussten Individuum, deren Endpunkt wiederum das Stadium des Kindes ist. Daran mag man beim Blick auf Justyna Koekes Arbeit denken, wobei auch ein anderes Gleichnis aus Nietzsches Zarathustra aufscheint, nämlich das Gleichnis *Von alten und jungen Weiblein*. Nietzsches Gedanken zum Verhältnis der Geschlechter sind in eine Rahmenhandlung integriert, die den

do not stand for themselves. They are presented and worn by women who have left childhood way behind, physically visible. But what about the outside and the inside in this case? Regarding such age ascriptions, don't we encounter the same stereotypes that the gender discussion has revealed with regard to gender roles? The naïve child, the old sage man, or the sage old woman are in the same way stereotypes in society, just like the old who turn into children again when they are in need of care. But what is childish and what is old? Do these words really define a dichotomy, an irreconcilable difference?

Combined with their wearers, Justyna Koeke's costumes pose this question quite casually. What validity does the biological life cycle have for the human mind? In 1883 Friedrich Nietzsche responded philosophically in his three volume work *Thus Spake Zarathustra: A Book for All and None* by describing the three metamorphoses the human mind has to go through on its way to discover its nature and its self: "How the spirit becometh a camel, the camel a lion, and the lion at last a child." Hidden underneath this parable is an idea of constant return that Nietzsche also expressed elsewhere. It is a metaphor stretching from the child's development to a self-conscious individual to the final point, which is the phase of the child again. You may think of that looking at Justyna Koeke's work; at the same time another parable from Nitzsche's Zarathustra arises, the one of *Old And Young Women*. Nietzsche's thoughts on the relation of the sexes are embedded in a story in which the sage Zarathustra meets an old woman during an evening walk. She asks him to speak "unto us concerning woman" and Zarathustra "spake thus unto her:

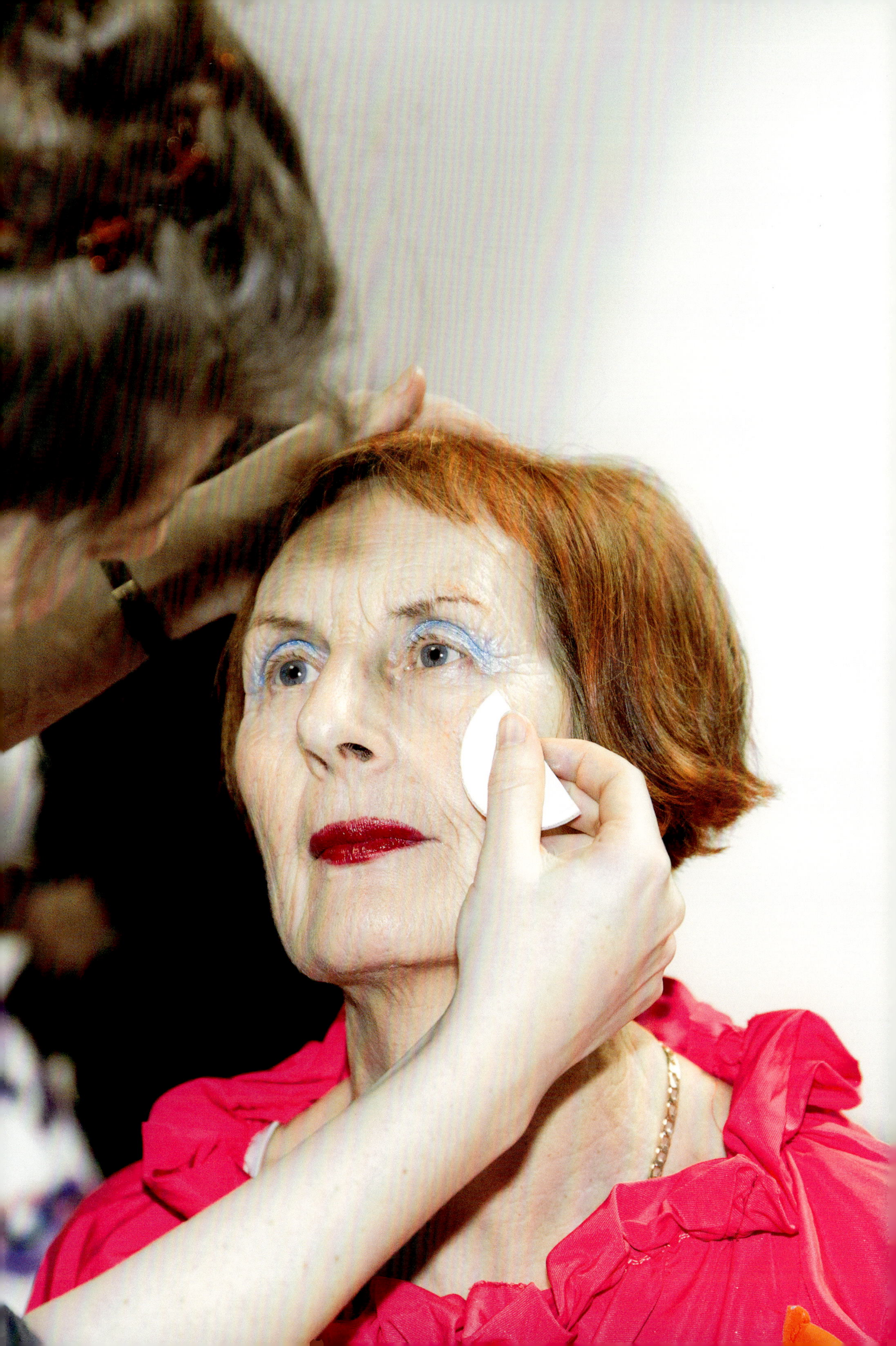

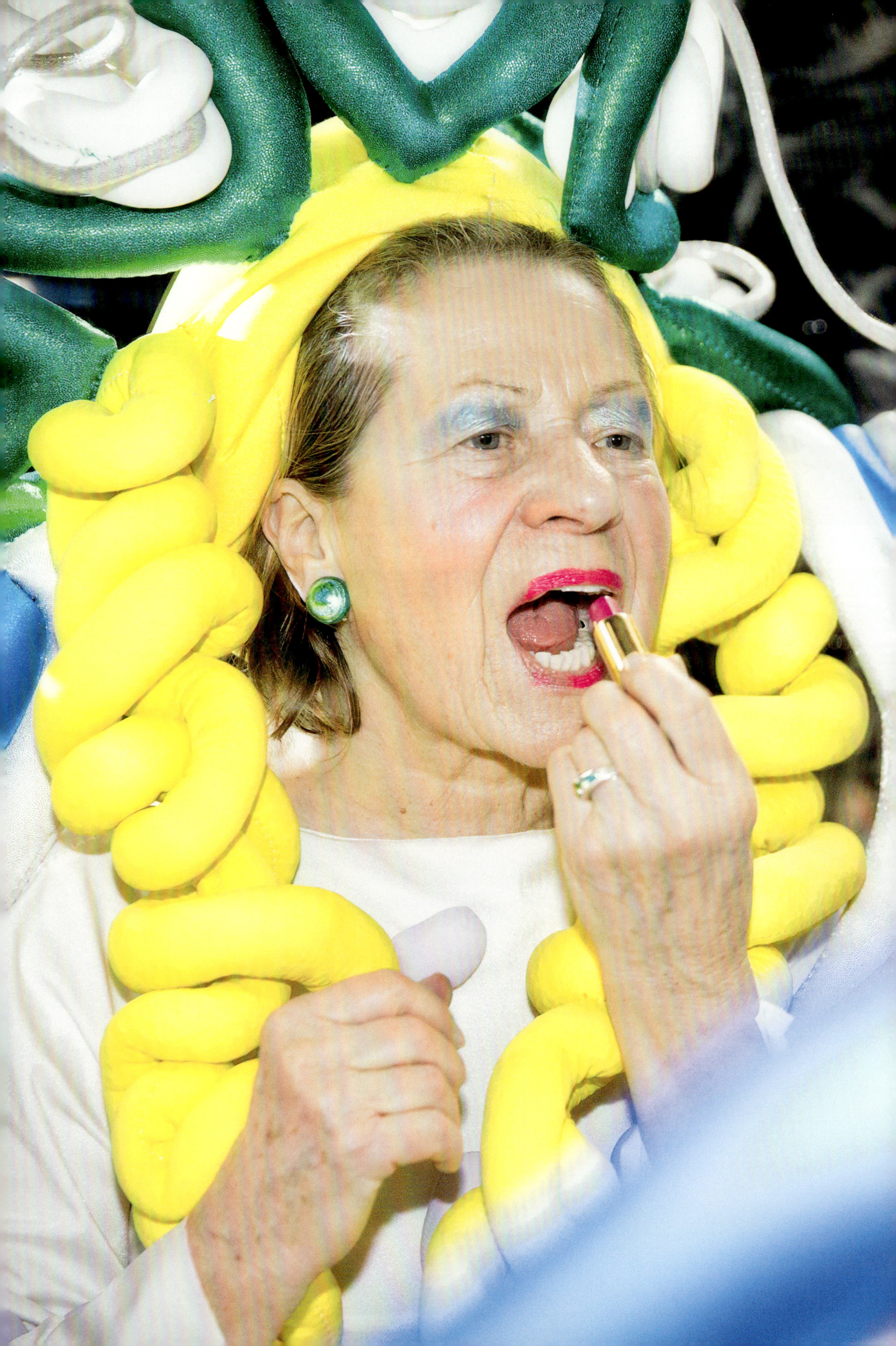

weisen Zarathustra bei einem abendlichen Spaziergang ein „altes Weiblein“ treffen lässt. Sie verlangt von ihm, dass er „vom Weibe“ erzählen solle und „also sprach Zarathustra: ‚Alles am Weibe ist ein Rätsel, und alles am Weibe hat eine Lösung: sie heißt Schwangerschaft. Der Mann ist für das Weib ein Mittel: der Zweck ist immer das Kind.‘“ Was Nietzsche im Folgenden ausführt, ist von den misogynen Verfechtern patriarchalischer Gesellschaftsstrukturen immer wieder aus dem Kontext gerissen und zitiert worden. „Ein Spielzeug sei das Weib, rein und fein, dem Edelsteine gleich, bestrahlt von den Tugenden einer Welt, welche noch nicht da ist. | Der Strahl eines Sternes glänze in eurer Liebe! Eure Hoffnung heiße: ‚möge ich den Übermenschen gebären!‘“, heißt es dort etwa. Zum Ende nehmen die Ausführungen dann noch einmal eine drastischere Wendung, denn „da entgegnete mir das alte Weiblein: ‚Vieles Artige sagte Zarathustra und sonderlich für die, welche jung genug dazu sind.‘ | ‚Seltsam ist’s, Zarathustra kennt wenig die Weiber, und doch hat er über sie Recht! Geschieht dies deshalb, weil beim Weibe kein Ding unmöglich ist?‘ | ‚Und nun nimm zum Danke eine kleine Wahrheit! Bin ich doch alt genug für sie! | ‚Wickle sie ein und halte ihr den Mund: sonst schreit sie überlaut, diese kleine Wahrheit.‘ | ‚Gib mir, Weib, deine kleine Wahrheit!‘ sagte ich. Und also sprach das alte Weiblein: | ‚Du gehst zu Frauen? Vergiss die Peitsche nicht!‘ – | Also sprach Zarathustra.“

Die Wendung ist häufig zitiert und fraglos noch häufiger missverstanden worden, denn die Peitsche dient nicht dazu, die Frauen zu züchtigen, sondern ist in Nietzsches Sicht ein Instrument der Selbstkasteiung. Sie dient „dazu, die eigenen sinnlichen Begierden bei der Wahl und im

Everything in woman is a riddle, and everything in woman hath one solution—it is called pregnancy. Man is for woman a means: the purpose is always the child.” What Nietzsche explains in the following, has again and again been decontextualized and (mis-)quoted by misogynic advocates of patriarchic structures of society. “A plaything let woman be, pure and fine like the precious stone, illumined with the virtues of a world not yet come. | Let the beam of a star shine in your love! Let your hope say: ‘May I bear the Superman [*Übermensch*]!’”, the text reads for instance. Finally, the explications take an even more dramatic turn when “the old woman [answered]: ‘Many fine things hath Zarathustra said, especially for those who are young enough for them. | Strange! Zarathustra knoweth little about woman, and yet he is right about them! Doth this happen, because with women nothing is impossible? | And now accept a little truth by way of thanks! I am old enough for it! | Swaddle it up and hold its mouth: otherwise it will scream too loudly, the little truth.’ | ‘Give me, woman, thy little truth!’ said I. And thus spake the old woman: | ‘Thou goest to women? Do not forget thy whip!’— | Thus spake Zarathustra.”

The phrase is often-quoted and probably even more often misunderstood: The whip is not there to castigate women, from Nietzsche’s point of view it is a tool to castigate oneself. Its purpose is “to keep a lid on one’s own sensual desires in the choice and in contact with a wife, so they do not predominate as a decisive point; rather the bearing of the Superman [*Übermensch*] shall stay in focus.” More exciting than the question how misogynic Nietzsche’s expressions are, is the answer to the question, who the old woman was, which is given by the author in his oeuvre

Umgang mit einer Gattin im Zaume zu halten, damit sie nicht als entscheidender Gesichtspunkt vorherrschen, sondern dass die Hervorbringung des Übermenschen dabei im Mittelpunkt steht.“ Viel spannender als die Frage, wie misogyn die Äußerungen Nietzsches denn zu lesen sind, ist aber eigentlich die vom Verfasser in seinem Werk *Die fröhliche Wissenschaft* beantwortete Frage, wer denn eigentlich das alte Weib war, dem Zarathustra begegnete. Die Antwort ist denkbar einfach: „‚Die Wahrheit‘ hieß dies alte Weib.“

Die Skulpturen Justyna Koekes spielen in ihrer performativen Belebung mit Bild- und Glaubenswelten, mit den Bedingungen und Möglichkeiten gesellschaftlichen Seins und eröffnen so einen ganzen Kosmos von Sinnzusammenhängen. Die Kleid gewordenen Bilder werden zu einem Resonanzraum des eigenen Denkens und können den eigenen Empfindungen zu einem Spiegel werden. Ihre vielleicht bedeutendste Qualität liegt dabei aber in jener kindlichen Fröhlichkeit, die aus den Zeichnungen unmittelbar in die Kostüme übertragen scheint. Es ist der aus allen Nähten platzende Humor der Künstlerin, der auch die schwerste Gedankenkost zum anregenden Genuss macht. Man darf nicht nur lächeln, wenn man diese skulpturalen Kleider und ihre Trägerinnen sieht, man muss. Es ist diese zugleich emotionale Dimension, die den Arbeiten und Inszenierungen von Justyna Koeke zu ihrer nachhaltigen Wirkung verhilft, die bei allem Unterhaltungswert auch stets mit einem lange nachwirkenden Inhalt aufwarten kann.

The Gay Science. The answer could not be simpler: "perhaps it were 'the Truth'".

In their performative vivification, Justyna Koeke's sculptures play with visual and belief systems, with constraints and possibilities of being in society. Thereby they open up a whole cosmos of contexts. Dress-shaped pictures become a room for resonating own thoughts and can turn into a mirror for individual sensations. But maybe their most significant quality lies within the childish joy which seems to have been translated immediately from drawings to costumes. It is the artist's humor bursting at the seams that makes the most difficult food for thought a stimulating pleasure. You can't just smile when you see the sculptural dresses and their wearers, you have to! What creates a sustained effect in Justyna Koeke's work and presentation is this emotional dimension that besides all entertainment always comes up with a continuous content.

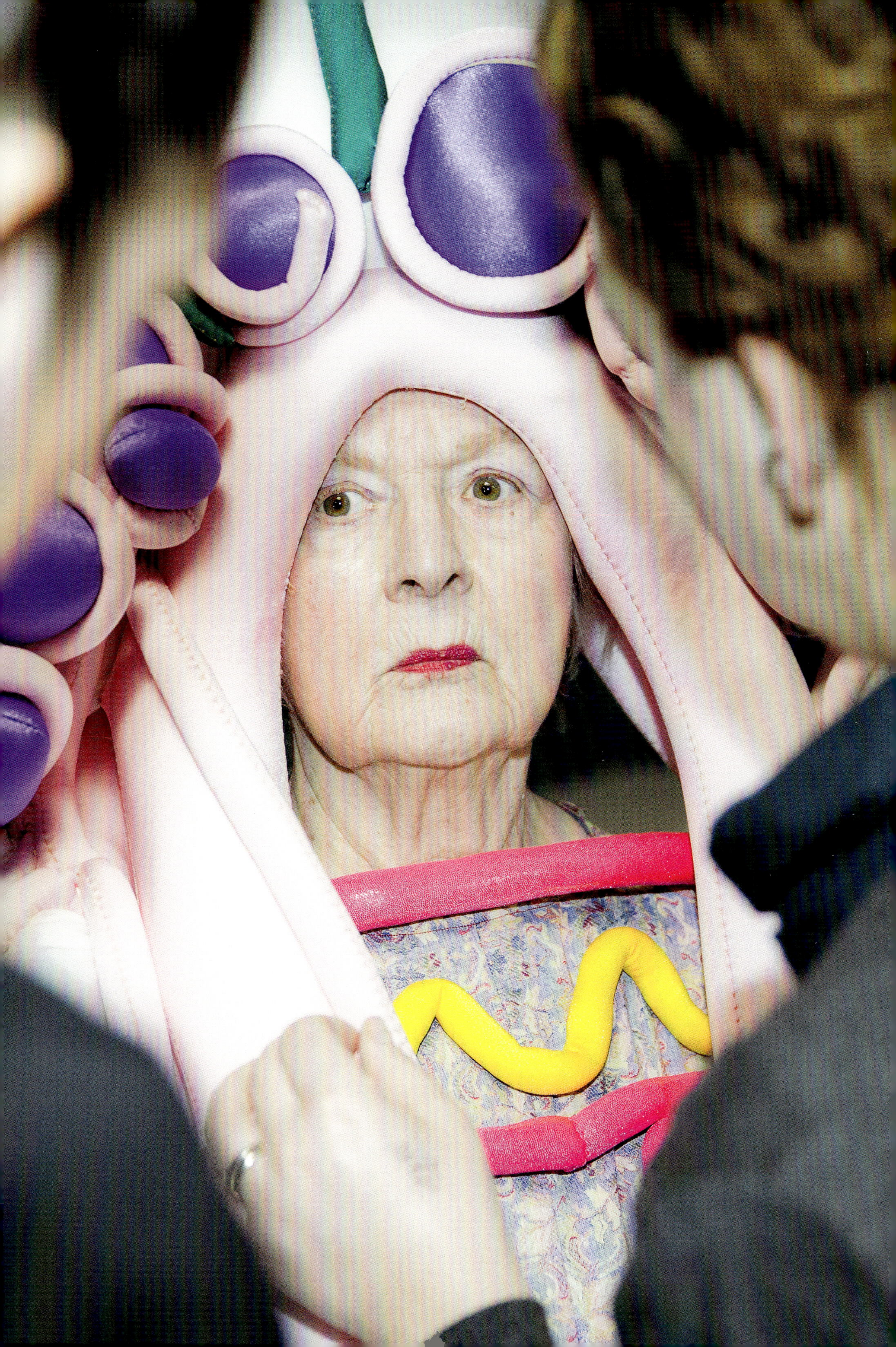

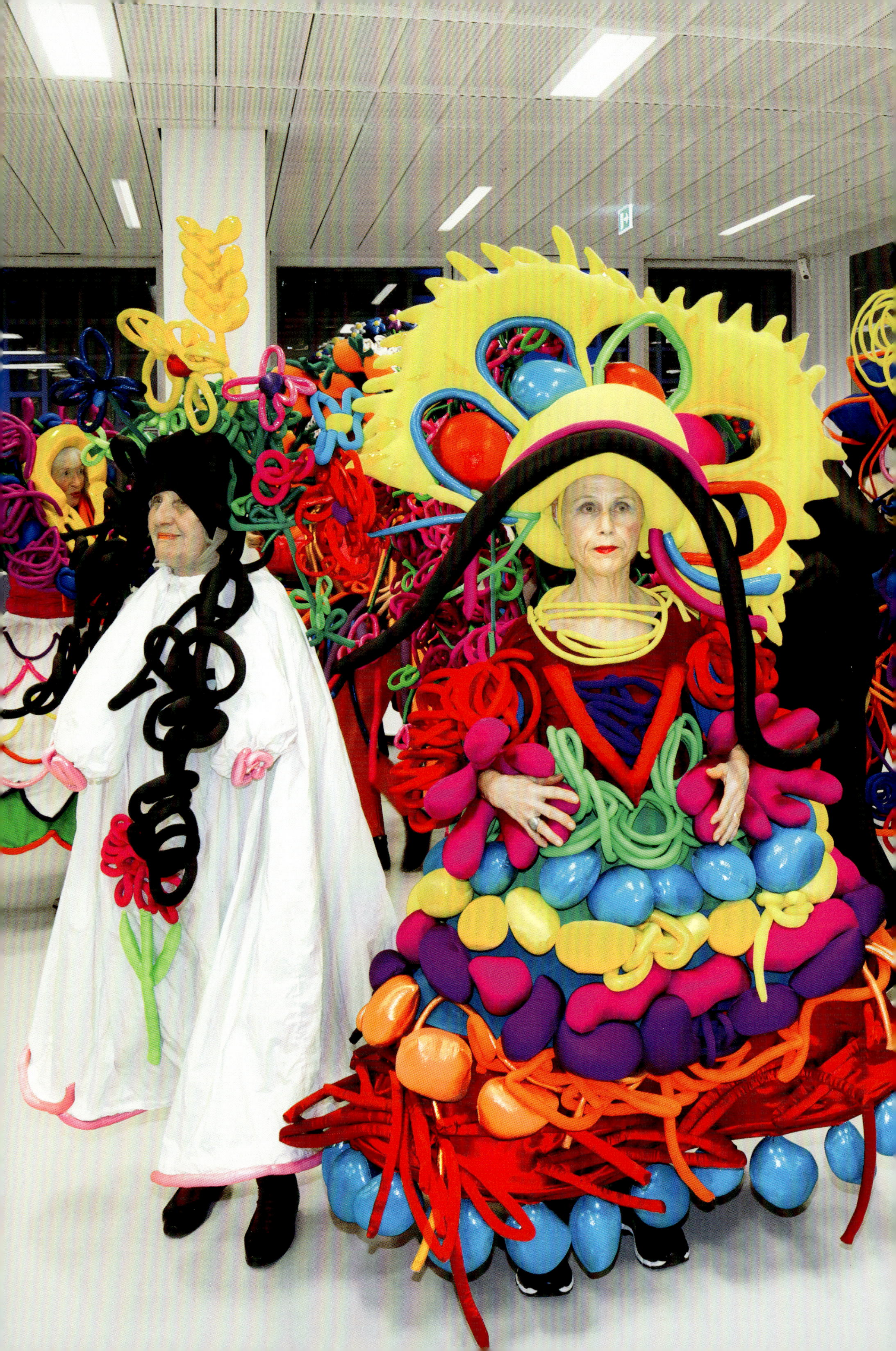

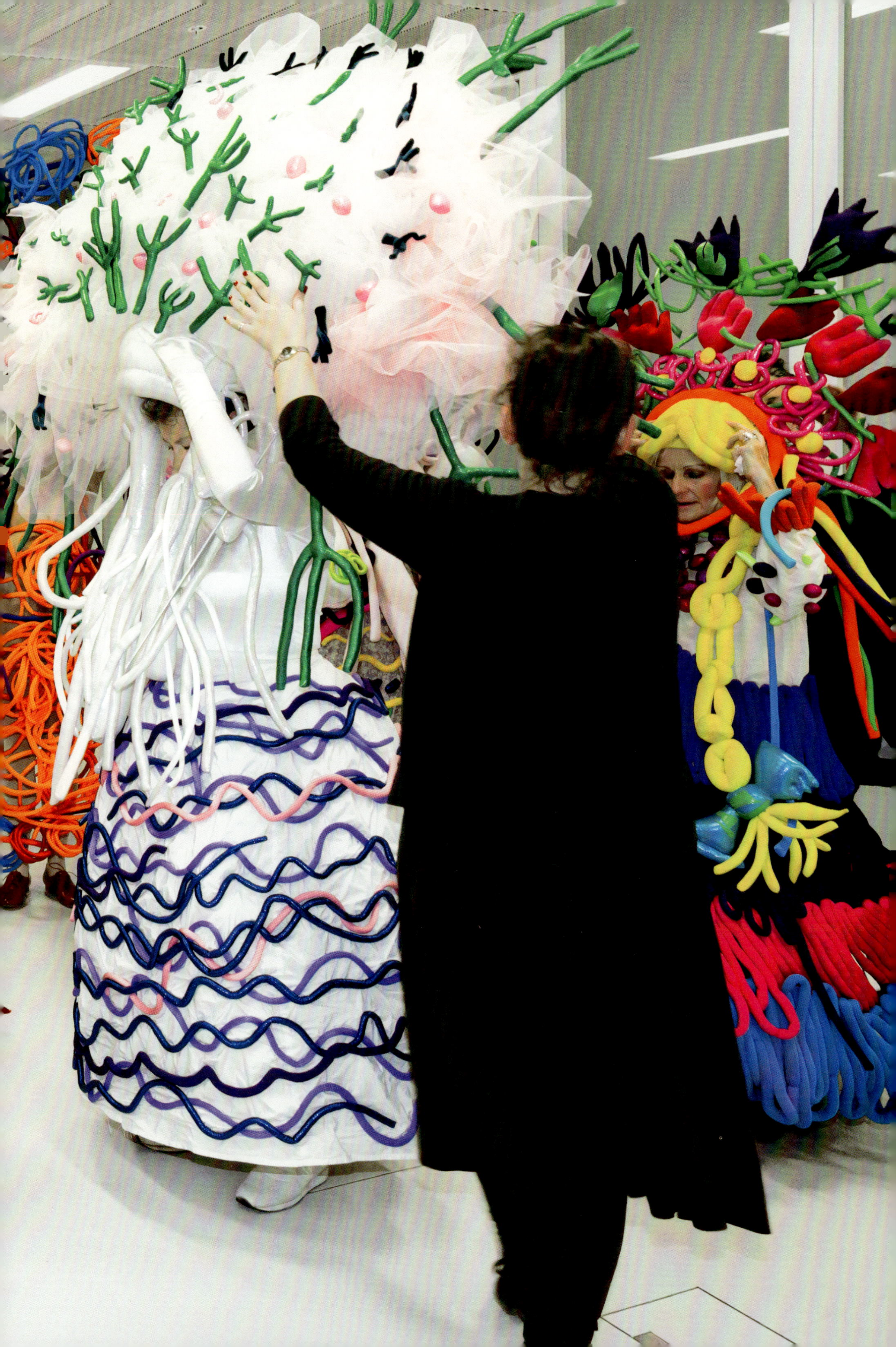

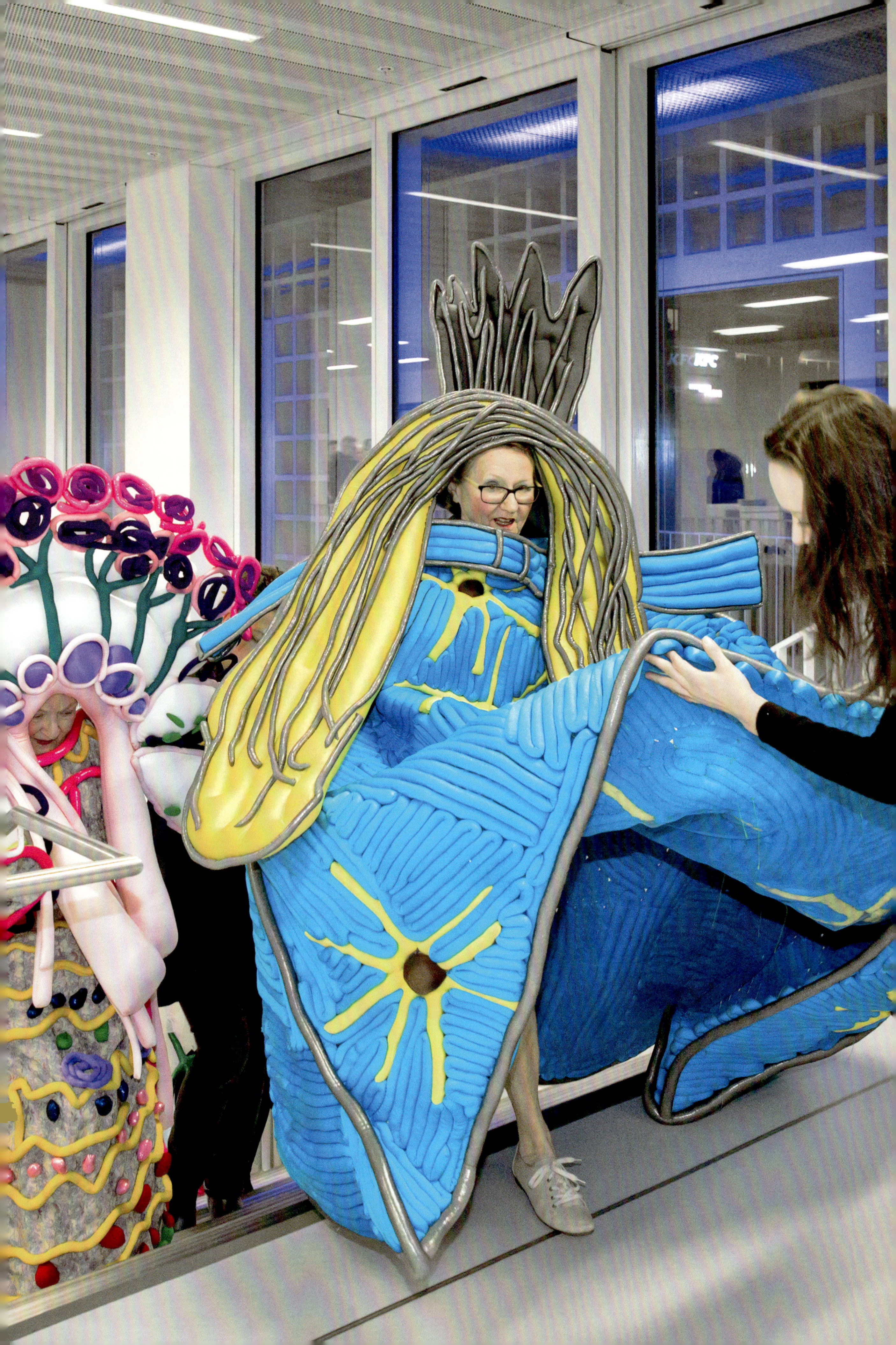
KFC

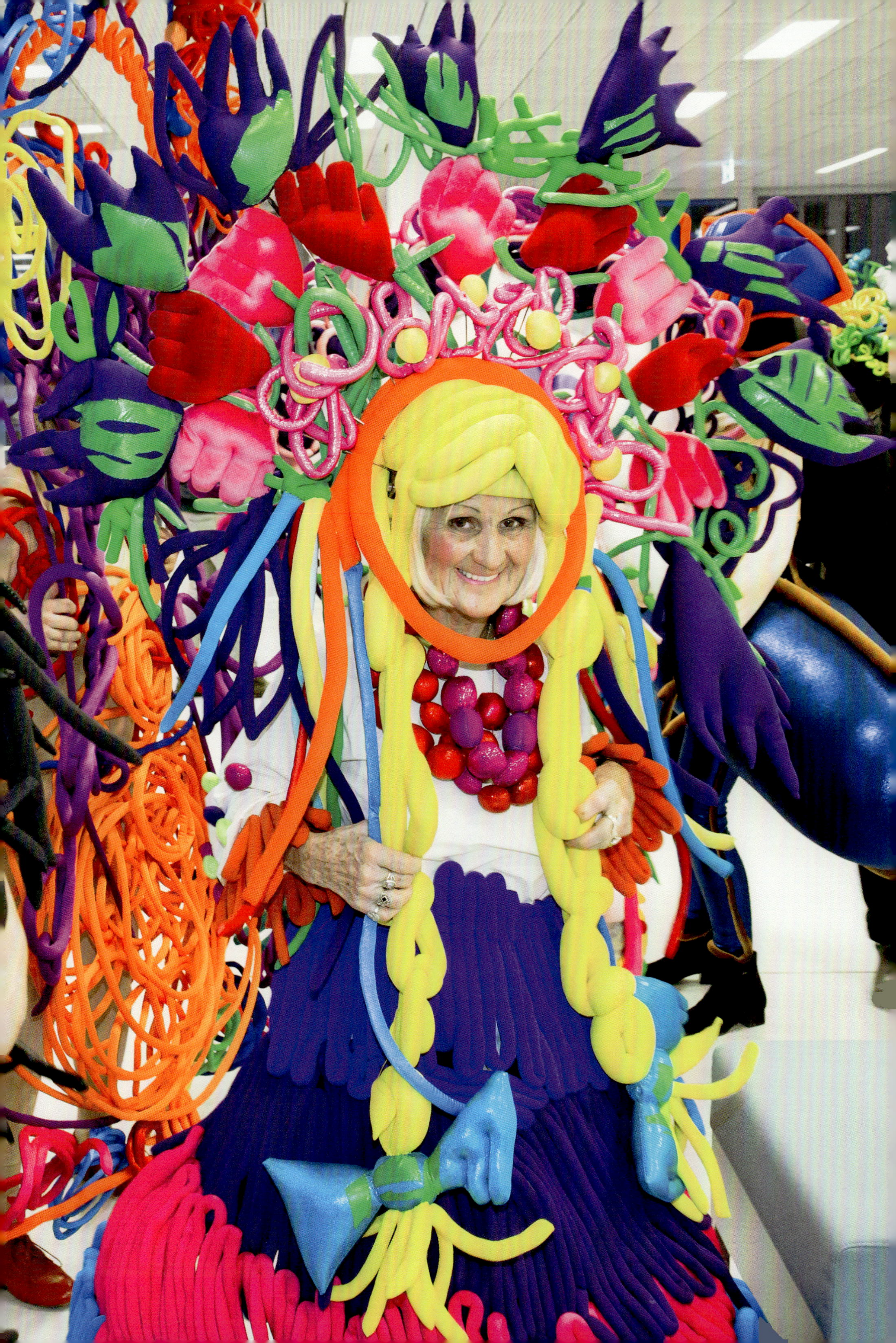

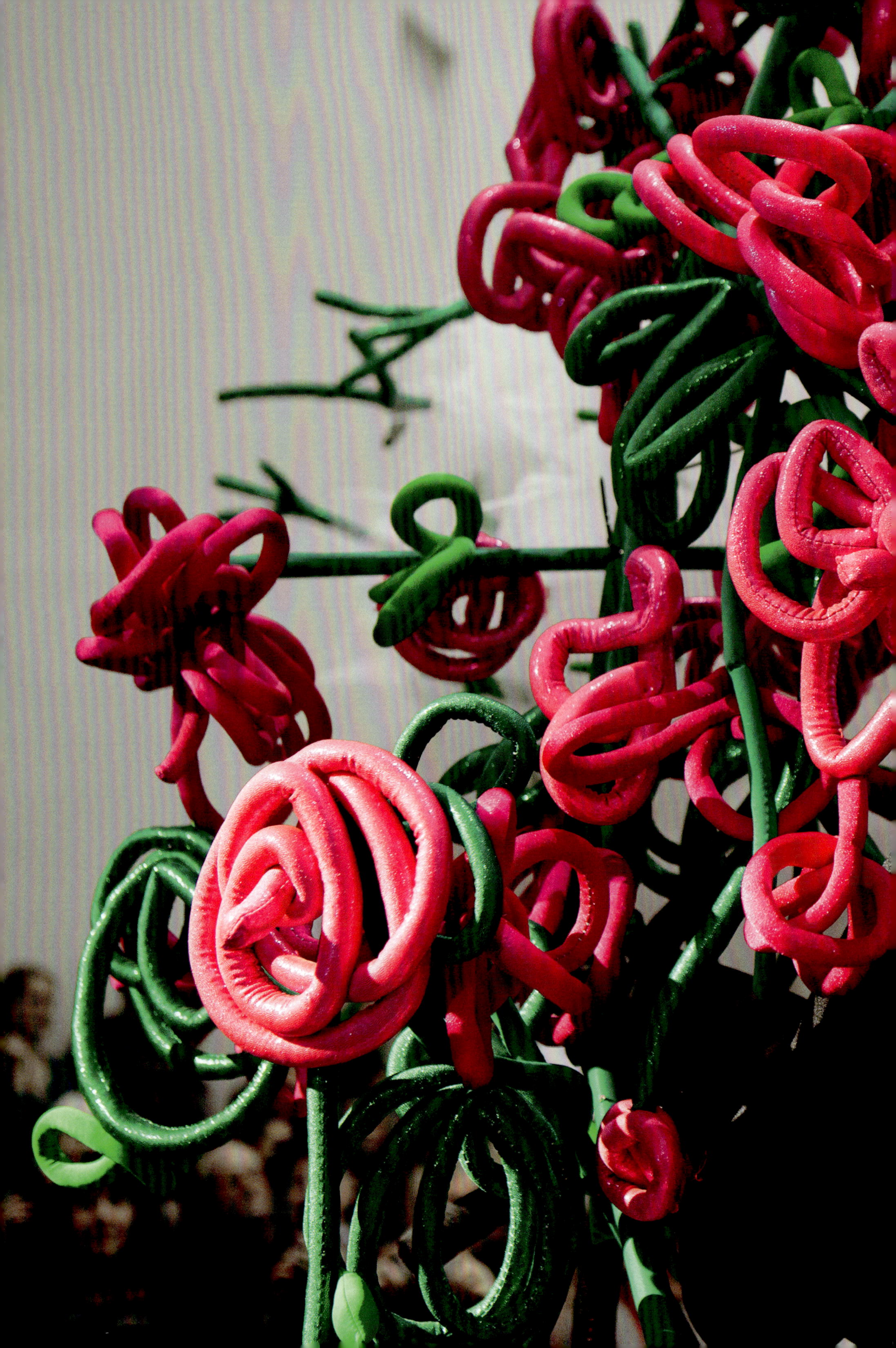

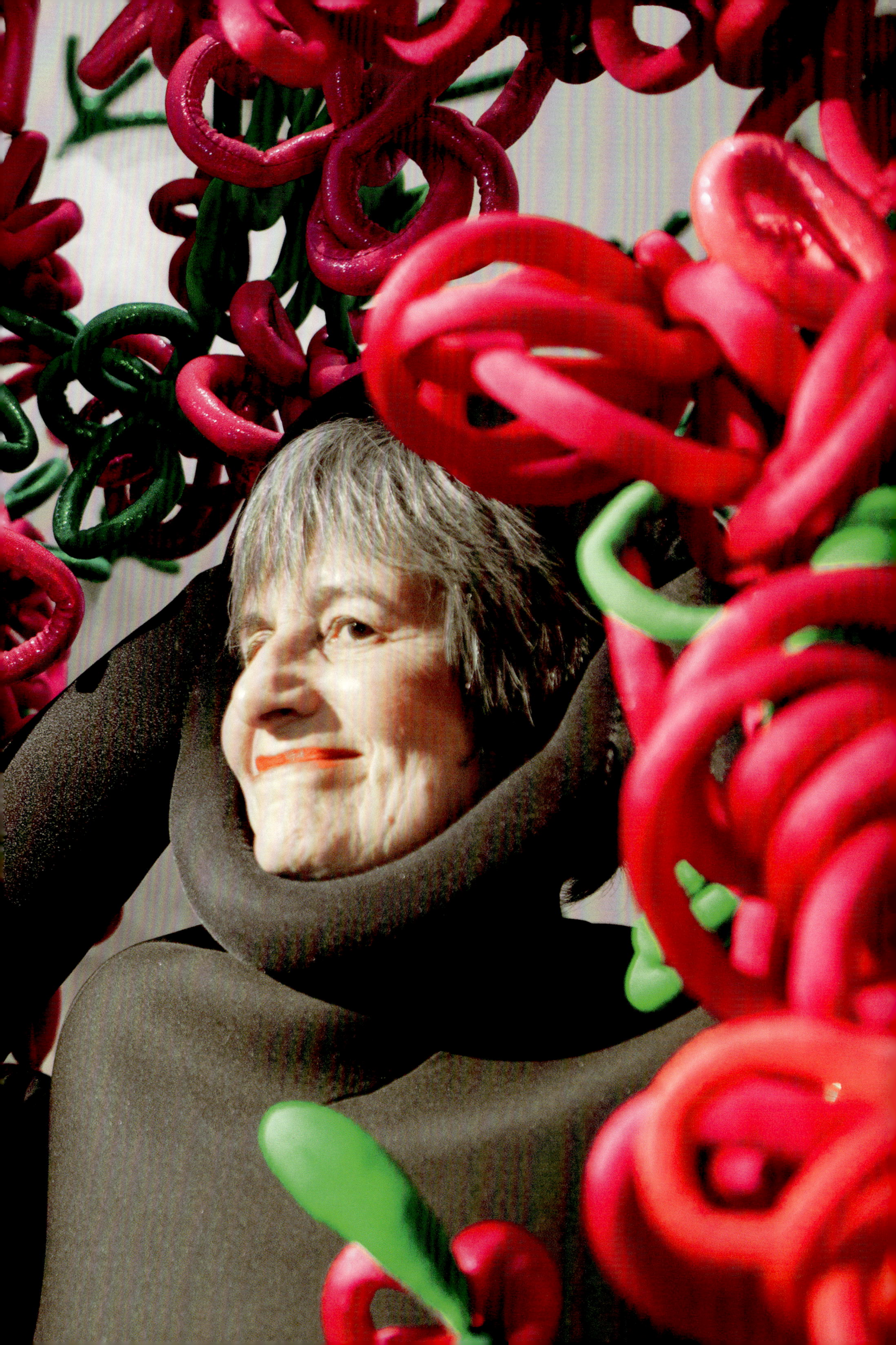

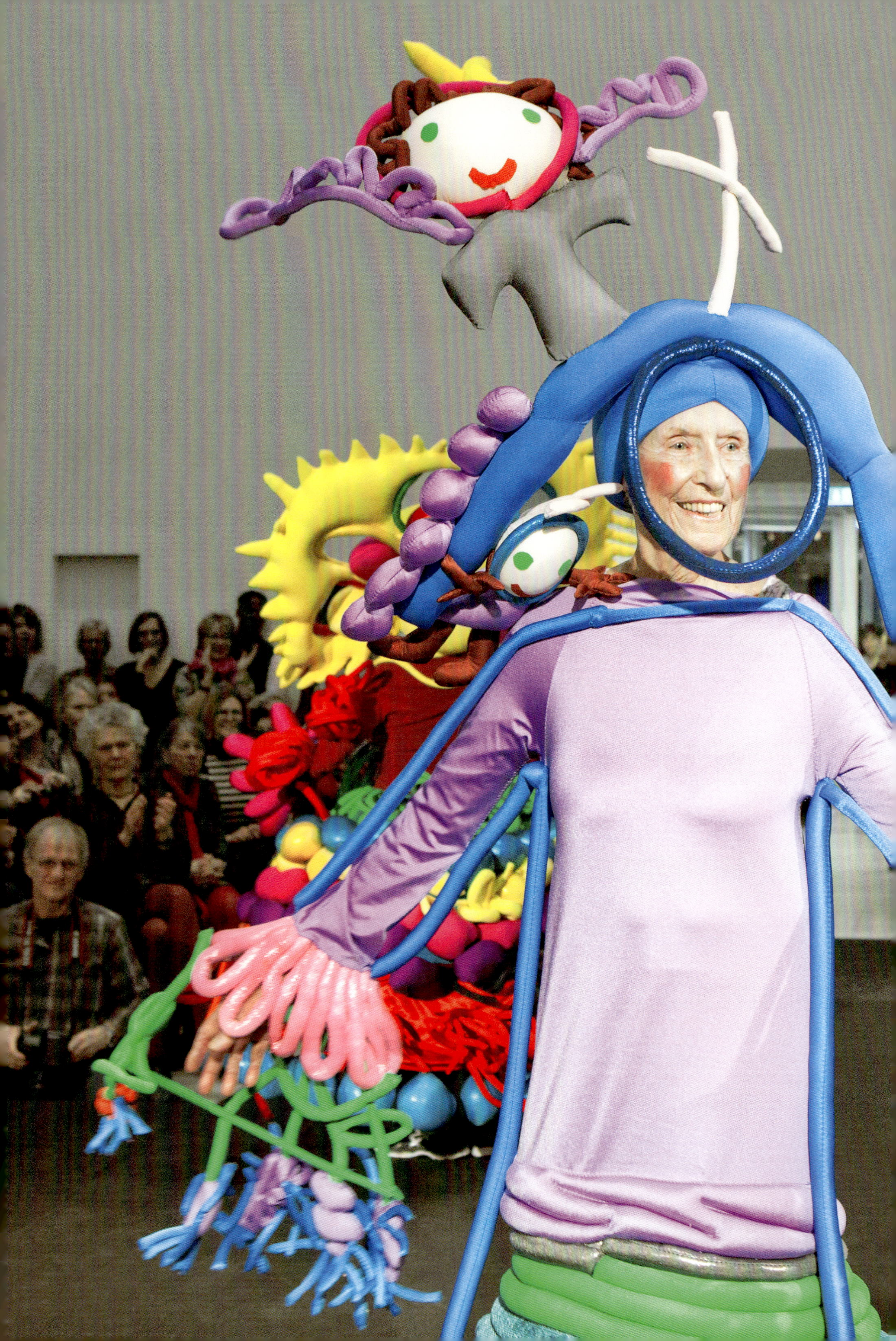

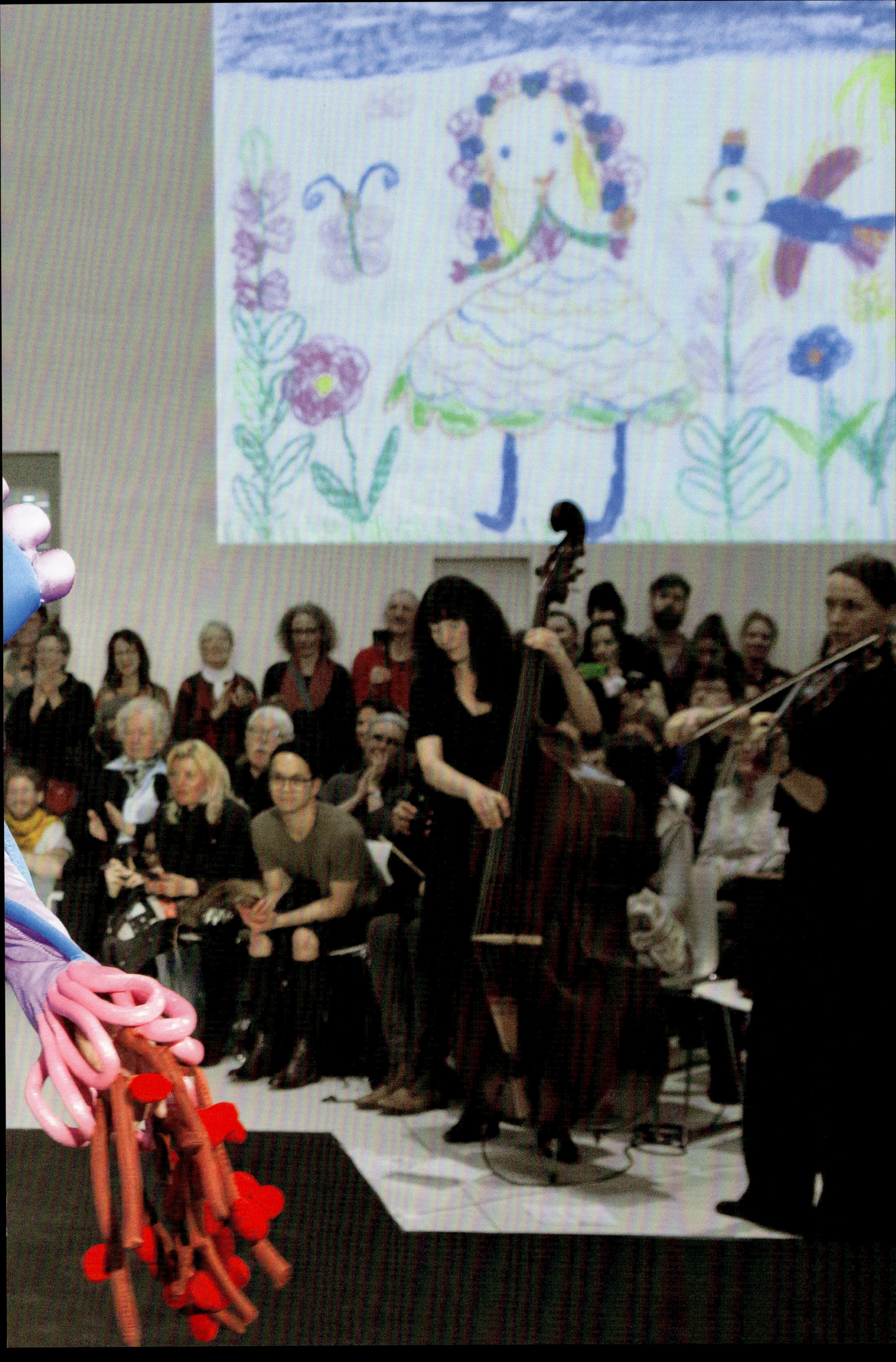

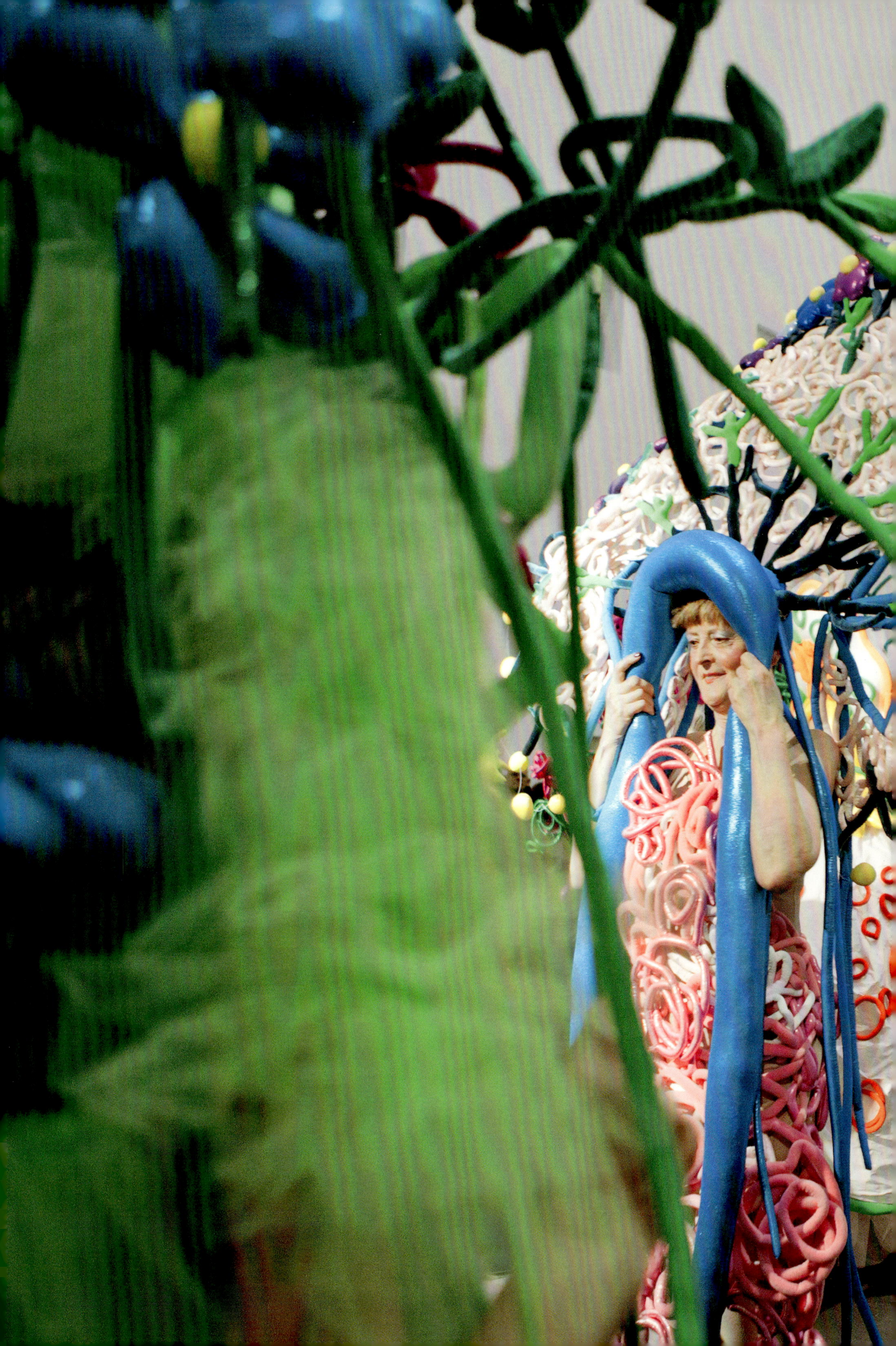

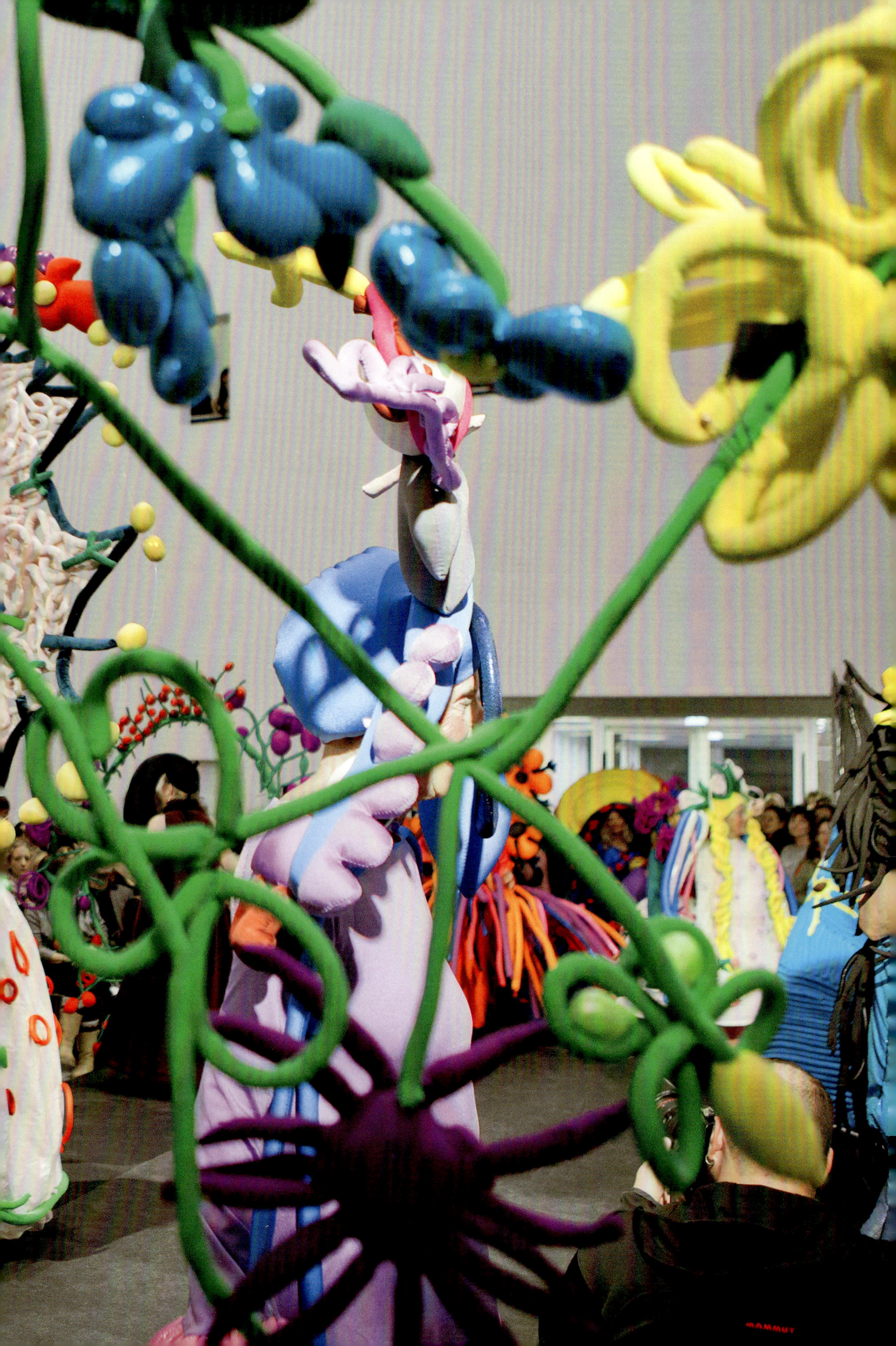
MAMMUT

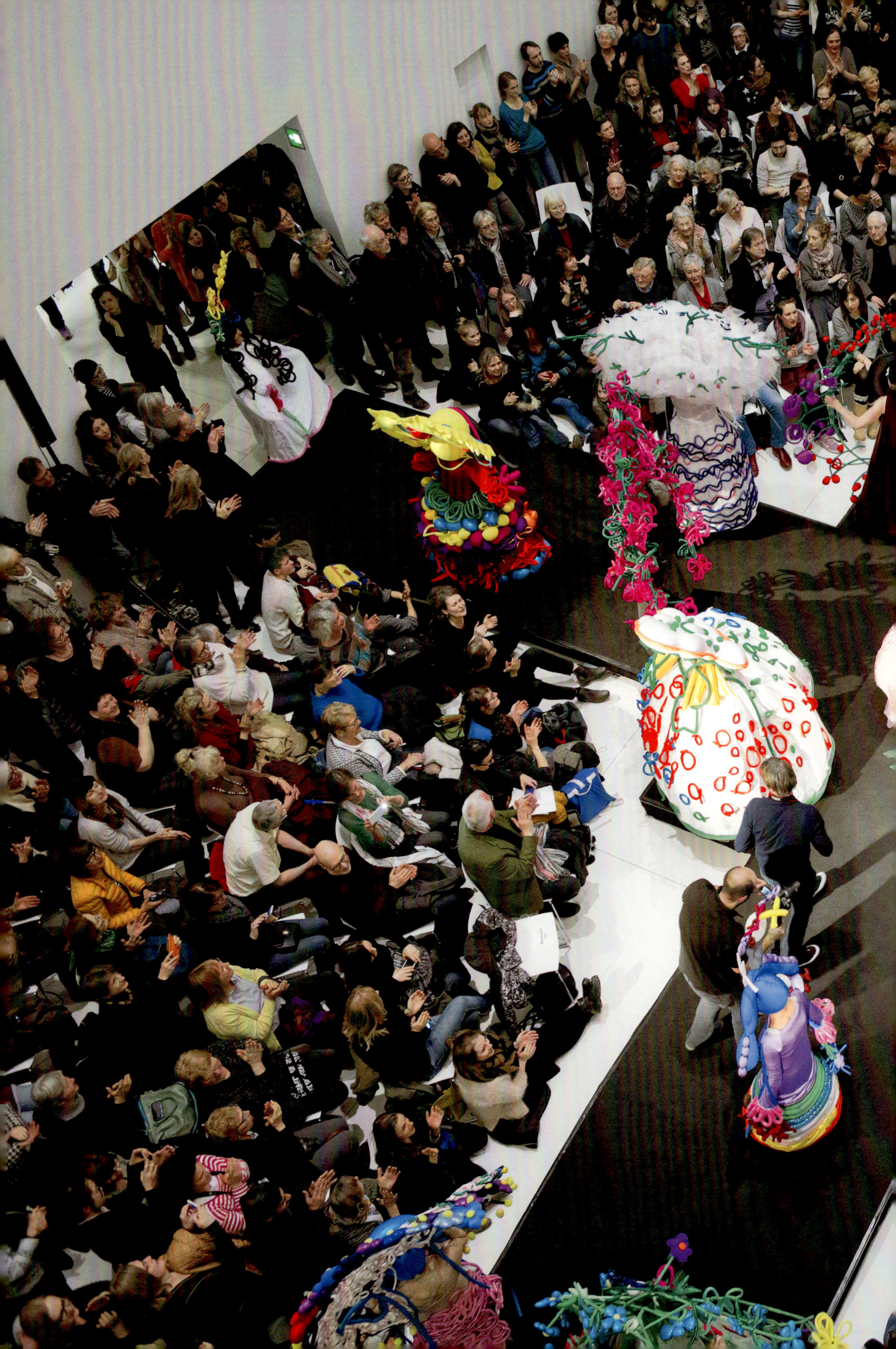

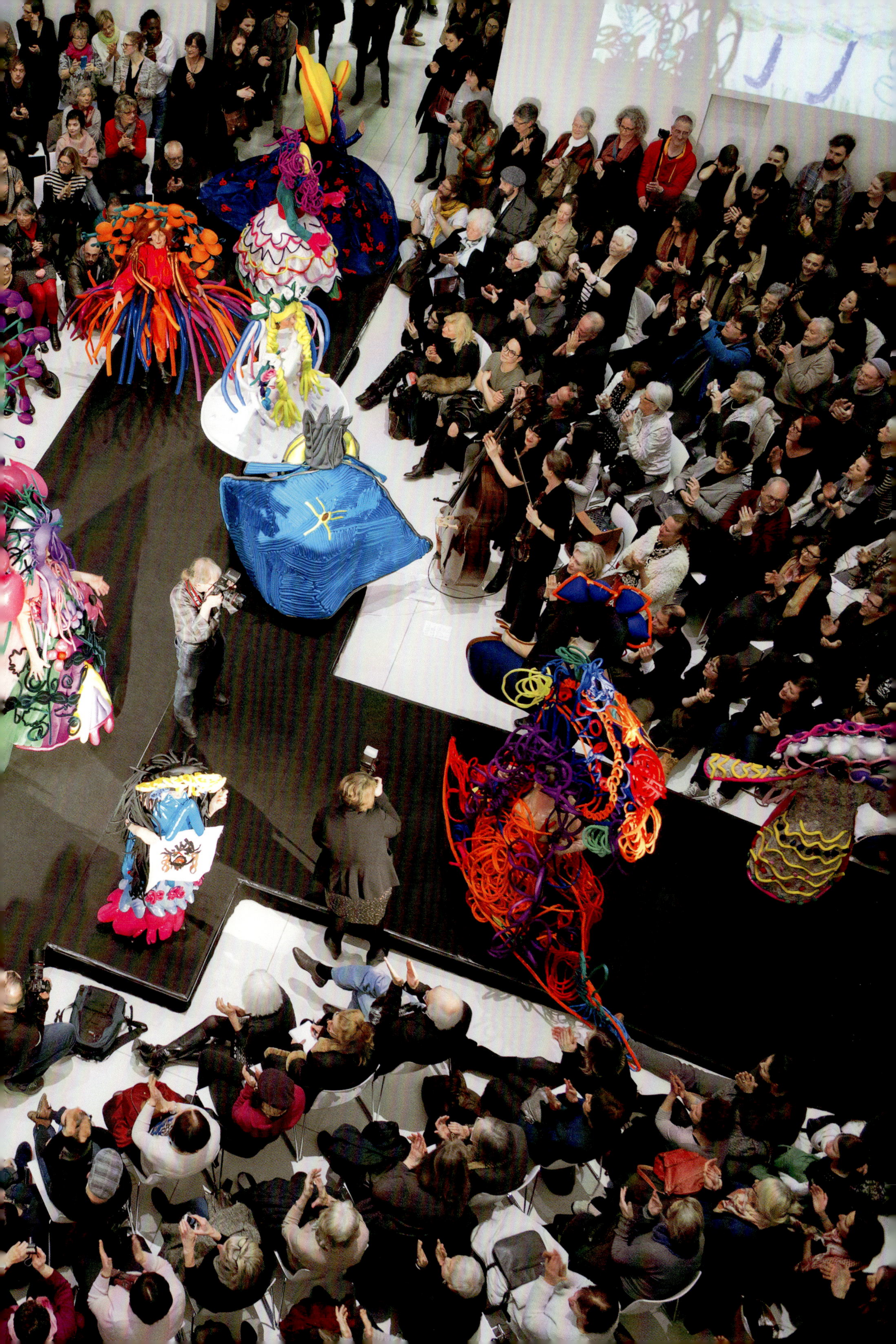

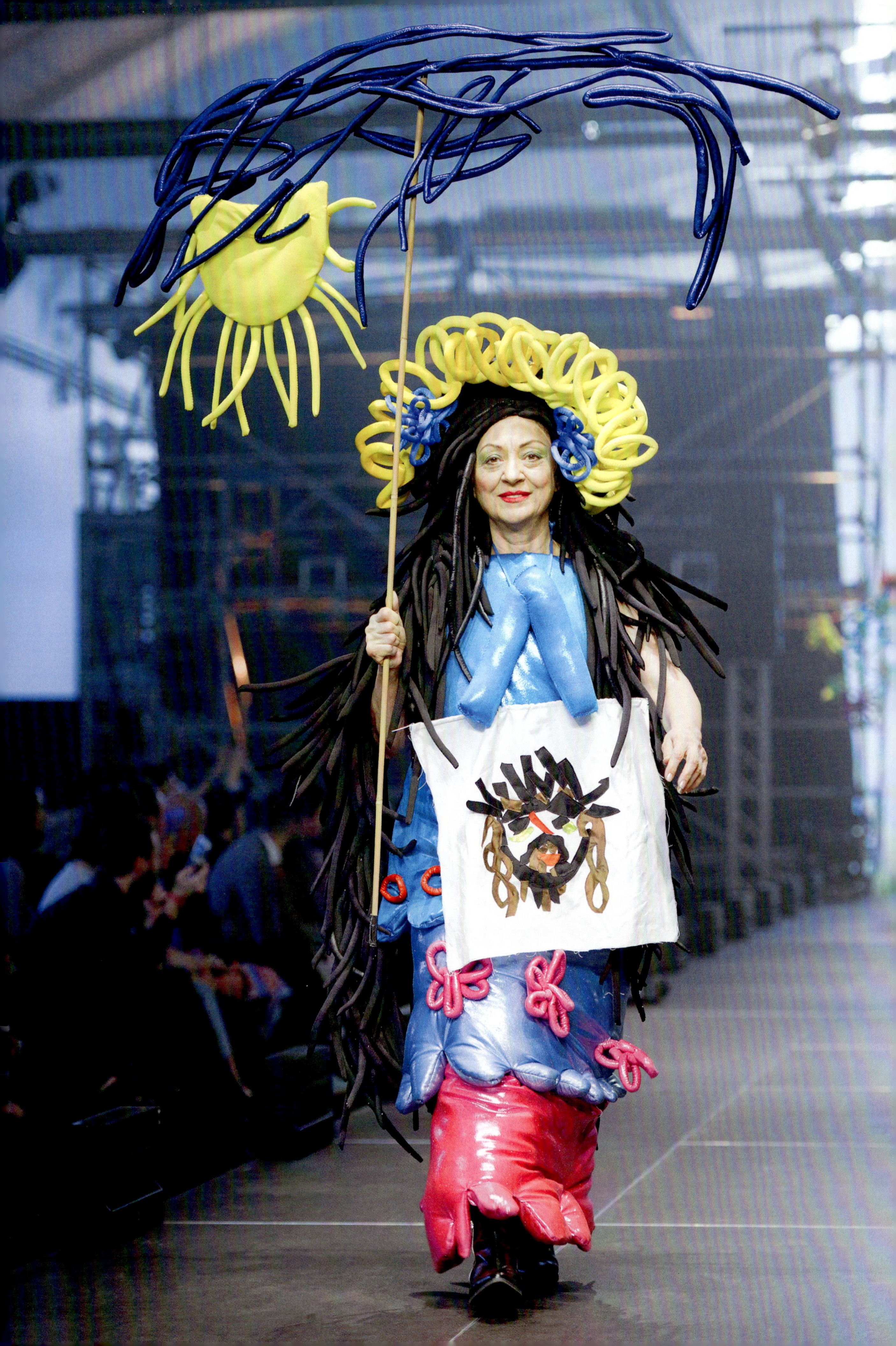

Hemmungslose Übertreibung: Künstlerische Hypervisibilität als radikales Modehandeln

Keine aufgepeitschten Beats. Kein Stroboskopgewitter. Keine illusionistischen Bühnenaufbauten. Und vor allem: Keine Mannequins, die „nichts als diese unbelebte Puppe aus der Werkstatt"[1] verkörpern, als die die Modetheoretikerin Barbara Vinken heutige Laufstegmodels in Anknüpfung an die historische Tradition hölzerner Modepüppchen zum Vorführen neuer Kleidermodelle sieht. Stattdessen schreiten ältere Damen in bequemen Schuhen durch den Raum; elegisch langsame Musik erfüllt dabei das minimalistische Ambiente. Sie machen weiche, beschreibende Gesten statt zackiger Kehrtwendungen, und sie gehen behutsam – nicht nur aufgrund ihres Alters, sondern auch weil die aufwendigen 3D-Installationen an ihren Körpern dies erfordern. Die Freude über die Präsentation der ausladenden, surrealen Kreationen ist ihnen ins Gesicht geschrieben. Vom hektischen Gestakse dünner, junger Frauen mit blasiertem Gesichtsausdruck, das zum Standard kommerzieller Fashion Shows geworden ist, ist hier nichts zu sehen. Wie auch: Justyna Koeke brachte bei der Laufsteg-Präsentation ihrer Werkreihe *Prinzessinnen und Heilige* am 8. März 2016 in der Stadtbibliothek Stuttgart und am 18. März 2016 bei der Berlin Alternative Fashion Week im Berliner Postbahnhof Konzepte zusammen, die normalerweise keinen Zutritt zum Raum der Mode erhalten: die beiden entgegengesetzten Pole des Alters. Seine Ränder. Weil Mode als Mode hier vermeintlich nicht stattfindet: in der Weiblichkeit vor der Mode – im Kindesalter – und nach der Mode – im Rentenalter. Die bunten Kleidungsstücke, die in Stuttgart an 20 Seniorinnen sowie

1 Barbara Vinken, Mannekin, Statue, Fetisch, in *Kunstforum International*, Bd. 141, Juli–September 1998, S. 145–153, hier S. 151.

Unrestrained Exaggeration: Artistic Hyper-Visibility as Radical Fashion Agency

No pounding beats. No stroboscope lightning. No illusionist stage set ups. And what's more: No mannequins embodying "nothing but this lifeless doll from the workshop"[1]. The fashion theorist Barbara Vinken sees a link between today's runway models and the historical tradition of wooden fashion dolls which were used to present new dresses. To counter this dehumanizing trope, older women in comfortable shoes are pacing through the room, elegiac, slow music fills the minimalist ambience. They make smooth, describing gestures in lieu of staccato runway turns, and they walk carefully—not only because of their age but because the complex 3D installations on their bodies make it necessary to do so. The joy of presenting the sprawling, surreal creations is written all over their faces. No sign of the hectic teetering of thin, young women with smug facial expressions which has become standard in commercial fashion shows. But to what end? With the runway presentation of her work series *Princesses and Saints* at Stuttgart's Municipal Library on March 8, 2016 and at the Berlin Alternative Fashion Week on March 18, 2016 Justyna Koeke combines concepts usually removed from the sphere of fashion: the two opposed poles of age. Its outermost limits. Because fashion as fashion does not happen there: neither in the femininity before fashion—childhood—nor after fashion—senior age. The colorful pieces of clothing that were presented on 20 old women in Stuttgart and in Berlin, both on older as well as younger women, are based on drawings that Koeke and her sisters sketched in their childhood. Through girlish enthusiasm for the over-fulfilment of normed gender roles—the gorgeous princess, the untouchable saint—they

1 Barbara Vinken, Mannekin, Statue, Fetisch, in: *Kunstforum International*, Vol. 141, July–September 1998, pp. 145–153, see p. 151 [own translation].

in Berlin an Seniorinnen und jüngeren Frauen vorgeführt wurden und auf Zeichnungen basieren, die von Koeke und ihren Schwestern als Kinder angefertigt wurden, stellen mit ihrer mädchenhaften Begeisterung für die Übererfüllung normierter Geschlechterrollen – die wunderschöne Prinzessin, die unantastbare Heilige – eine Stereotypisierung anhand von Gender aus, die die Mechanismen des Modebetriebs bis zur Groteske überhitzen und letztlich bloßstellen. Das, was als ideale Weiblichkeit von zeitgenössischen Modeentwürfen nur insinuiert wird, wird hier in freudiger, hemmungsloser Übertreibung bis ins Letzte ausbuchstabiert, so dass es in seiner visuellen Radikalität als Projektionsfläche für Fantasien begehrenswerter Weiblichkeit unbrauchbar wird. Denn die Haare sind hier immer noch länger, noch voller, noch blonder (=gelber), die Röcke immer noch ornamentierter, ausladender, farbenfroher.

Durch das langsame, freudvolle Schreiten der Models über die schlichten dunklen Bahnen, in Stuttgart in Kreuzform, in Berlin in klassischer I-Form, wirkt die expressive Kleidung nicht nur erfahrbar, sondern auch konsumierbar. Im Sinne von tatsächlich essbar, denn die Materialität des kindlichen Buntstiftstriches tritt in dicken, sinnlichen Linien, Wülsten und Schnörkeln plastisch hervor. Wir sehen – schmecken fast! – weiße Zuckerwatte, knallbunte Gummischlangen, bunt dekorierten Zuckerguss, blumenförmige Lollis, appetitliche Marzipanröschen und eine metallicblaue Riesenwurst. Dieser schlaraffenlandartige Überfluss, der sich atmosphärisch auch auf die Trägerinnen der Kleider übertragt, steht im Kontrast zur Aura von Disziplinierung und Austerität, die die heutige gängigen, meist ausgemergelten (=hölzernen) Catwalkkörper

exhibit gender-based stereotyping, overheating the mechanisms of fashion into the realm of the grotesque and finally unmasking them. What is insinuated as ideal femininity by contemporary fashion sketches, is spelled out in all its details here up to and including unrestrained exaggeration, so that it becomes unusable as a projection screen for phantasies of desirable femininity in its visual radicalism. Because the hair is always even longer, even fuller, even blonder (=yellow), the skirts are even more ornamented, sprawling, colorful.

By the models' slow and cheerful pacing over the simple dark lanes, cross-shaped in Stuttgart, while in Berlin the catwalk resembles a classical I-shape, the expressive clothing becomes not only perceptible but ready to consume, as well. Ready to consume in an almost culinary sense, as the materiality of the childlike stroke of the crayon stands out plastically with thick sensual lines, bulges and scrolls. We see—almost taste!—white cotton candy, brightly colored jelly snakes, colorfully decorated frosting, flower-shaped lollies, appetizing marzipan roses, and a metallic blue giant sausage. This opulent land of abundance that is transferred atmospherically to the wearers of the dresses is in contrast to the aura of disciplining and austerity, which surrounds the mostly emaciated (=wooden) catwalk bodies. Because compared to the fetishized juvenile model body, the presenters of Justyna Koeke's collection do not merge together into one single product in the form of the shown piece. They disappear paradoxically behind the oeuvre as an autonomous protagonist of the show on the one hand, on the other hand, they stay clearly recognizable as individuals not

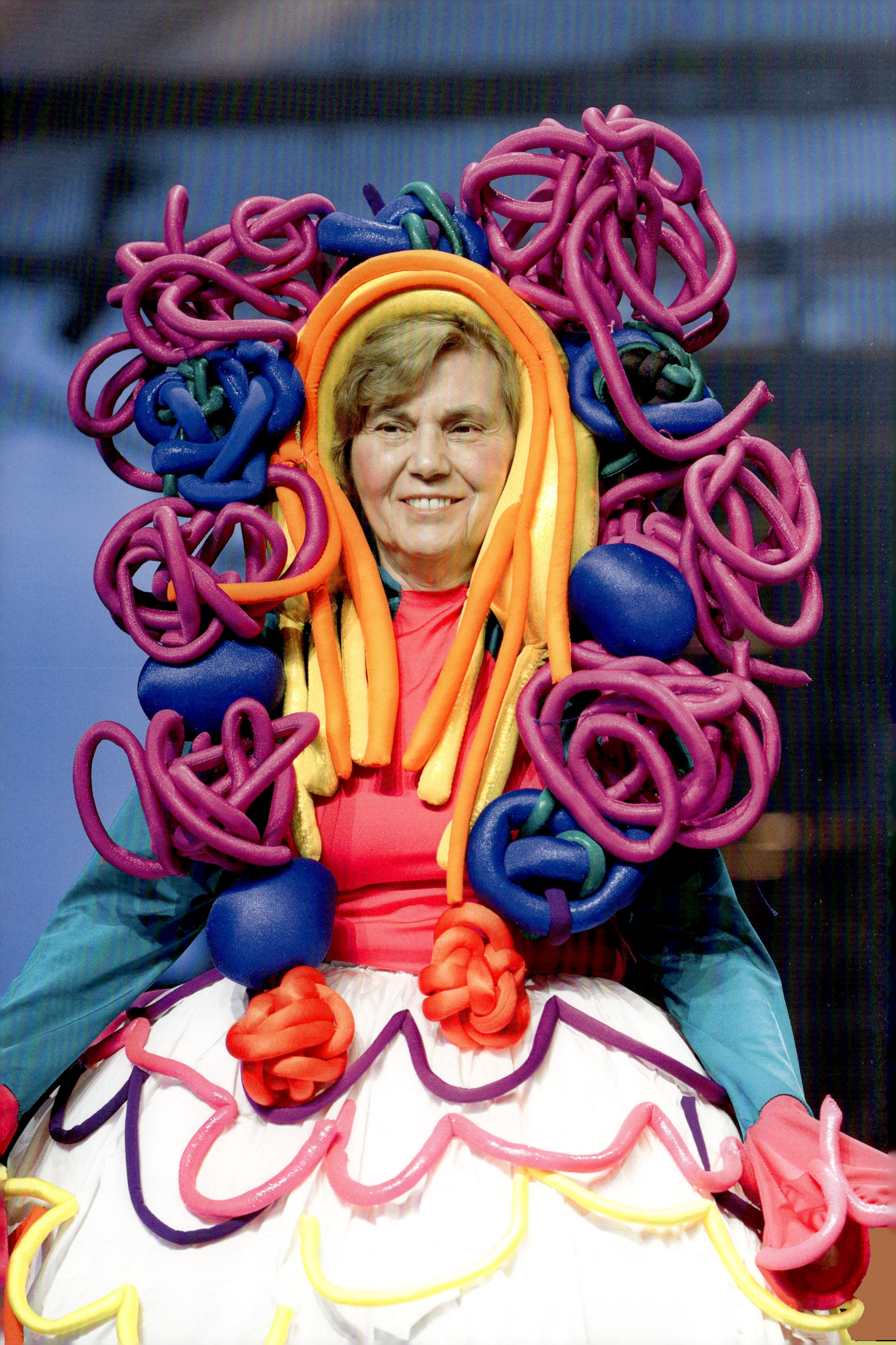

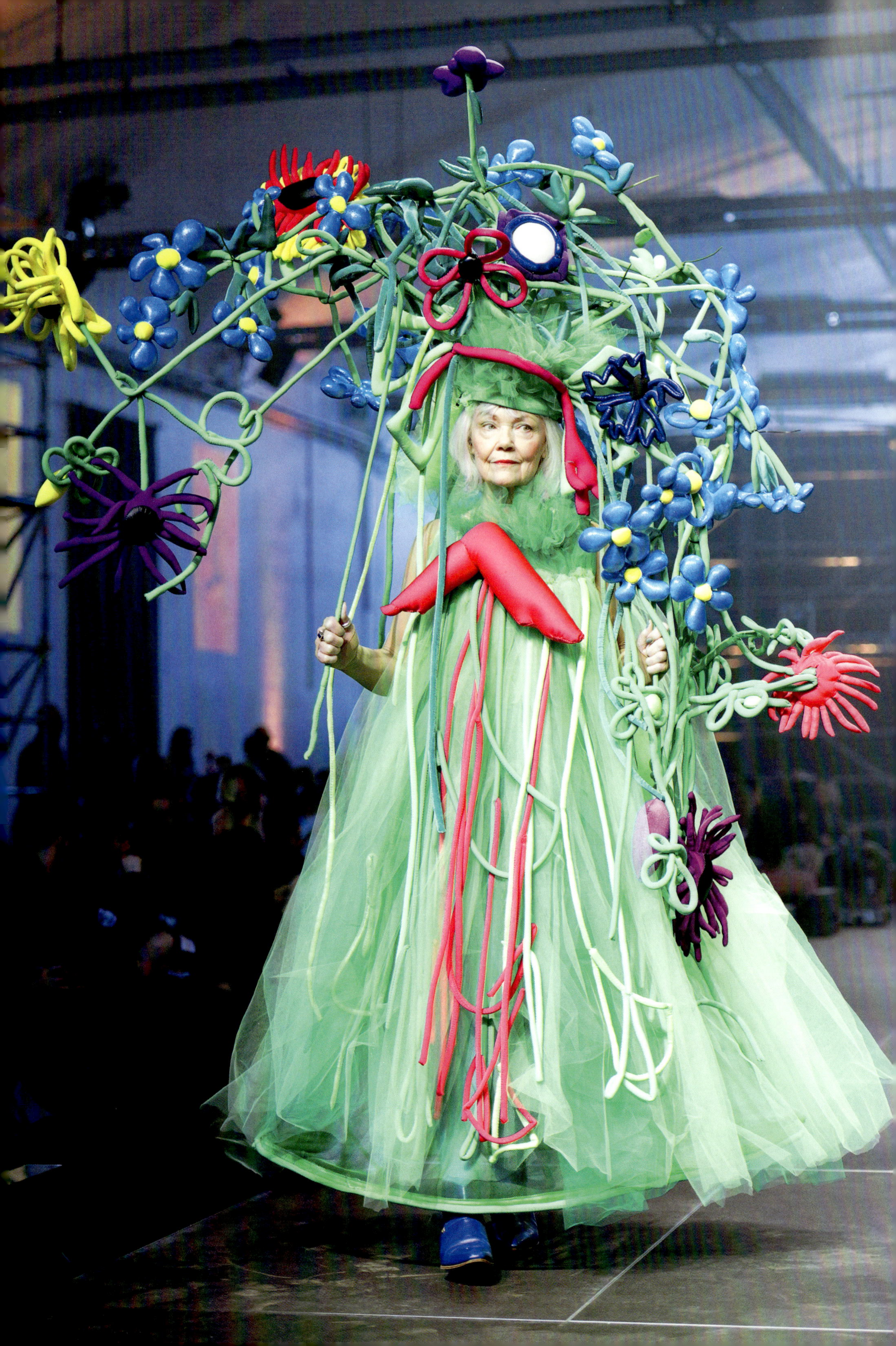

Julia Twigg, *Fashion and Age: Dress, the Body and Later Life*, London: Bloomsbury, 2013, S. 4. [Übersetzung durch die Autorin].

Ibd.

Vgl. ibd.

Julia Twigg, *Fashion and Age: Dress, the Body and Later Life*, London: Bloomsbury, 2013, p. 4.

Ibid.

Cf. ibid.

Cf. https://www.zotero.org/jpaoletti/items/collectionKey/AA6FZEN8 (19.05.2016).

umgibt. Denn im Gegensatz zum fetischisierten jugendlichen Modelkörper verschmelzen die Präsentatorinnen von Justyna Koekes Kollektion nicht mit dem gezeigten Stück zum Gesamtprodukt, sondern verschwinden paradoxerweise einerseits hinter dem Werk als autonomem Protagonisten der Show, bleiben aber andererseits als Individuum, das nicht das Kleid ist, deutlich erkennbar. Damit verleiht ihnen die Künstlerin die Rolle des modischen Subjekts, die im aktuellen, am von Jugendidealen geprägten Modehandeln vor allem älteren Frauen vorenthalten wird.

„Kleidung spielt eine wichtige Rolle im Prozess des Sichtbarwerdens, des selbstbewussten Einnehmens von sozialem und kulturellem Raum“[2], schreibt die englische Soziologieprofessorin Julia Twigg in der Einleitung ihres Buches *Fashion and Age*. In ihrer Untersuchung mit dem Untertitel *Dress, the Body and Later Life*, in dem sie sich mit einem gegenderten Alterungsprozess und dessen Auswirkungen auf unser Modeverständnis beschäftigt, führt sie weiter aus: „Dies ist besonders signifikant im Alter, wenn Frauen feststellen, dass sie kulturell unsichtbar werden, nicht mehr gesehen oder wahrgenommen werden. Diese Erfahrung steht im Kontrast zu jener der Jugend, wenn Frauen sich und ihre Körper mitunter als hypersichtbar empfinden, auf erdrückende Weise definiert von einem omnipräsenten männlichen Blick“[3]. Die Herausforderung für ältere Frauen bestehe aber darin, so Twiggs, innerhalb dieses Blickregimes überhaupt gesehen zu werden.[4]

Dieser Herausforderung begegnet Justyna Koeke mit dem stupenden Kniff, aus der frühen und der späten weiblichen Lebensphase, in der das sozial immer noch als so wertvoll erachtete sexuelle

reducible to the dress. Thereby, the artist gives them the role of fashionable subjects which is detained from older women in current fashion agency which is overwrought with classical ideals about youth.

"Dress also has a significant part to play in the process of being visible, of occupying social and cultural space in a confident manner"[2], writes English professor of sociology Julia Twigg in the introduction to her book *Fashion and Age*. In the study with the subtitle *Dress, the Body and Later Life* in which she engages in a gendered aging process and its effects on our understanding of fashion she elaborates: "This is particularly significant in the context of age where older women can find themselves becoming invisible culturally, no longer seen or noticed. This is in contrast with the experience of youth where young women can find themselves and their bodies hypervisible, constituted oppressively in an omnipresent male gaze"[3]. The challenge for older women is to be seen at all within this scopic regime[4].

Justyna Koeke responds to this challenge on the runway with the stupendous trick of creating a fantastic, hyped-up amalgam of forms of hypervisibility from the early and late feminine life period, in which the capital of women still considered socially valuable is not yet or no longer realizable—not characterized by the stranger's gaze but by appropriating definitions from the outside. The older woman threatens to break taboo by refusing to corroborate a visual ethos of invisibility by wearing "Mom Jeans and Old Lady Shoes", instead confronting herself and the spectators with the "inappropriate non-wearability" of enthusiastic girl phantasies, as textile theorist Jo B. Paoletti describes in the draft of her research project on "Age Appropriate Clothing"[5].

Kapital von Frauen noch nicht bzw. nicht mehr realisierbar ist, ein fantastisch überdrehtes Amalgam von Hypervisibilität auf dem Laufsteg herzustellen, das nicht durch fremde Blicke, sondern durch die Aneignung von Fremddefinitionen gekennzeichnet ist. Die ältere Frau, die sich nicht mit „Mom Jeans and Old Lady Shoes“ freiwillig in ihr Schicksal der Unsichtbarkeit fügt, wie es die Textilforscherin Jo B. Paoletti in der Skizze ihres Forschungsprojektes zu „Age Appropriate Clothing“ umschreibt,[5] sondern sich und die Zuschauerinnen und Zuschauer mit der „unpassenden Untragbarkeit“ von schwärmerischen Mädchenfantasien konfrontiert, rührt an ein Tabu.

„Wer von Mode erwartet, dass sie einfach nur funktioniert, hat sie nicht verstanden. Denn das Ausloten der Grenzen zum Unpassenden bildete schon immer eine wichtige Inspirationsquelle für die Gestaltung unserer Kleider. Und durch nichts lernen wir uns besser kennen als durch das Tabu“[6], heißt es im Editorial des Magazins *Untragbar*, das Lehrende und Studierende der Bremer Hochschule der Künste zur Thematik von „Mode als Zumutung“ erstellt haben. Mit ihrem künstlerischen Zugang zu Frauenmode, Geschlechterklischees und Alterskonstruktionen, der so originell wie lustvoll ist, weist Justyna Koeke darauf hin, dass Zumutungen eben nicht dann passieren, wenn Mode im Alltag nicht funktioniert, behindert und irritiert, sondern wenn im Gegenzug autonom bestimmte Entwürfe des Selbst in jeder Lebensphase als Zumutungen gelesen werden.

5 Vgl. https://www.zotero.org/jpaoletti/items/collectionKey/AA6FZEN8 [letzter Aufruf 19.05.2016].

6 Joachim Baldauf, Annette Geiger, Ursula Zillig (Hg.), *Untragbar – Mode-Magazin*, Hamburg: Textem-Verlag, 2013, S. 4.

6 Joachim Baldauf, Annette Geiger, Ursula Zillig (eds), *Untragbar – Mode-Magazin*, Hamburg: Textem-Verlag, 2013, p. 4 [own translation].

"Whoever expects from fashion that it merely functions did not understand it. Testing the limits towards the inappropriate has always been an important source of inspiration to our clothes' design. And nothing makes us get to know ourselves better than the taboo."[6] So reads the editorial of the magazine *Untragbar* compiled by the research staff and students of the University of the Arts Bremen in reference to the topic of fashion as impertinence. With her artistic approach to women's fashion, gender clichés, and age constructions—an approach as original as it is lustful and provocative—Justyna Koeke points out that impertinence is not triggered by fashion that does not work in everyday life anymore, fashion that hinders and irritate; rather, such fashionable impertinence is autonomously decided in the progressive creation of conceptions of the self, self-conceptions which in return are read as impertinence which is elastic and responsive to self-expression within each life period.

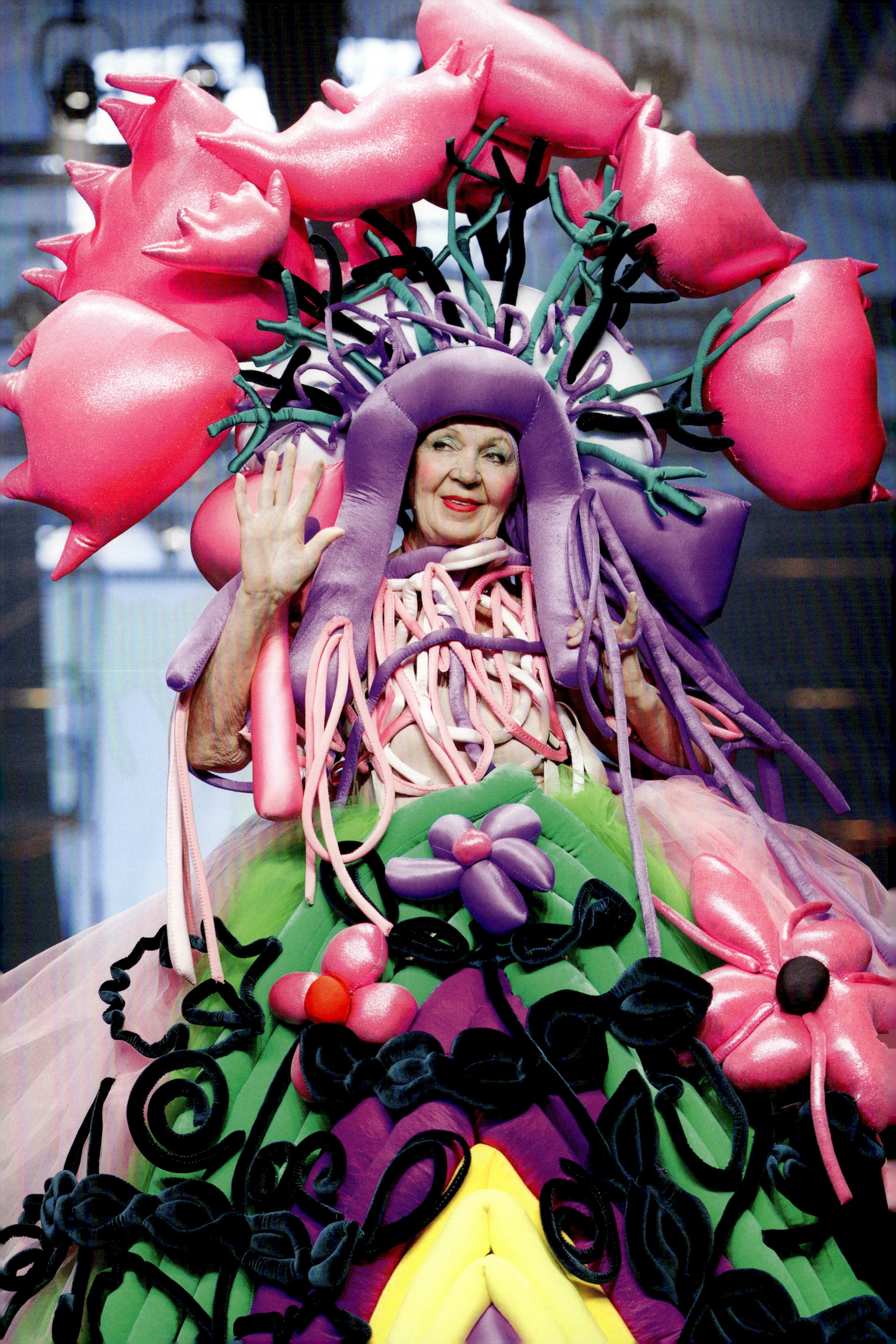

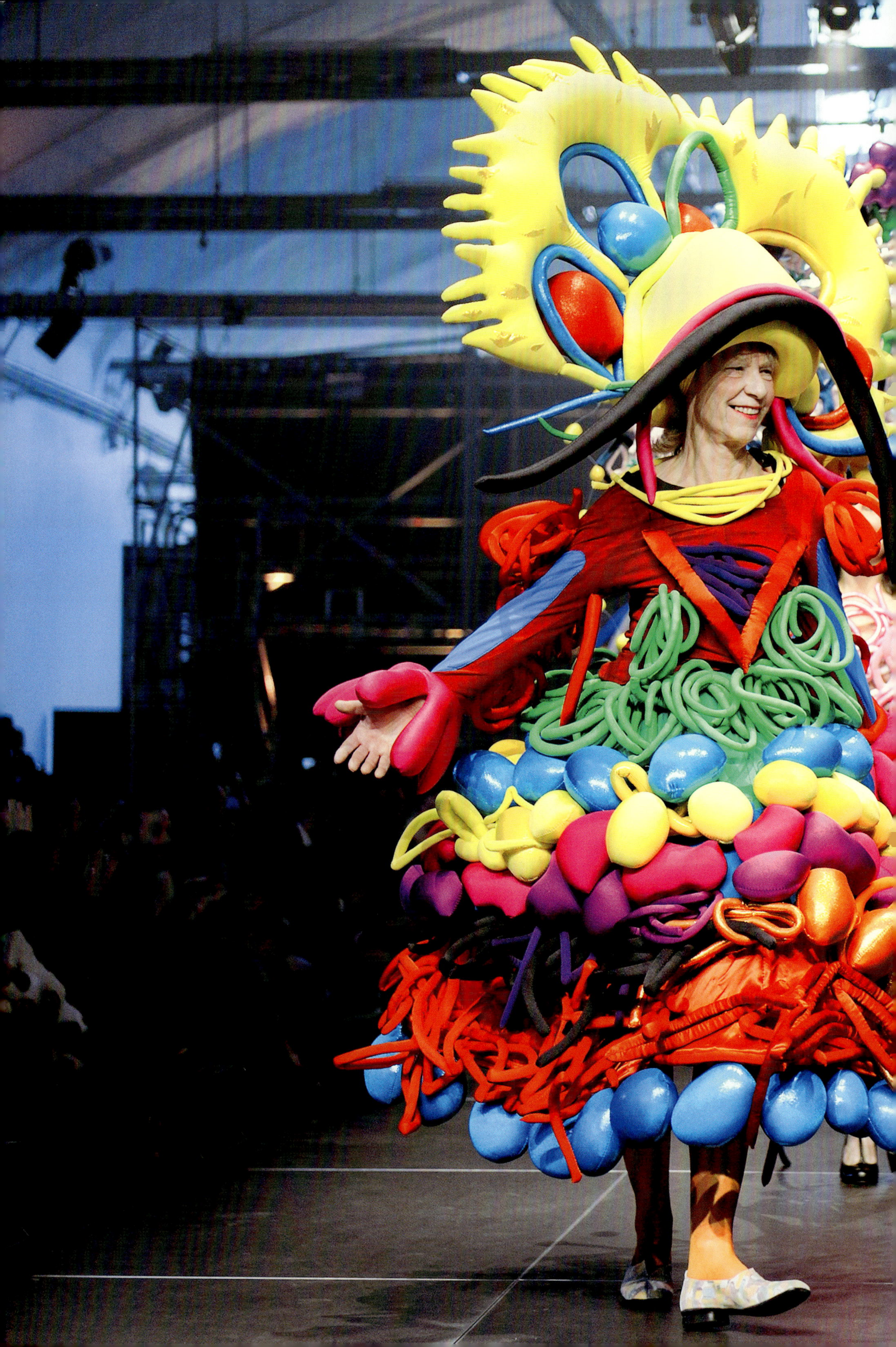

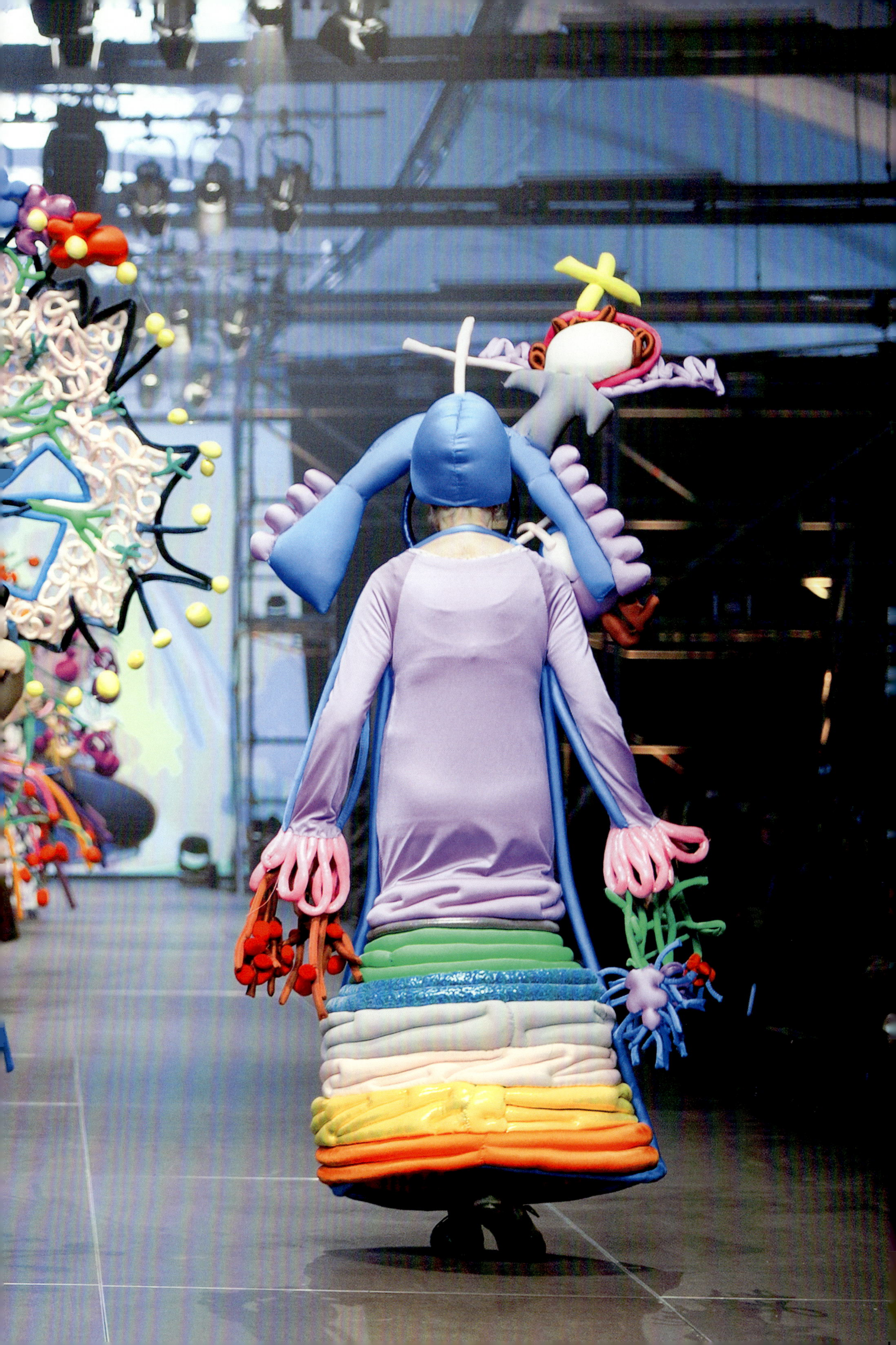

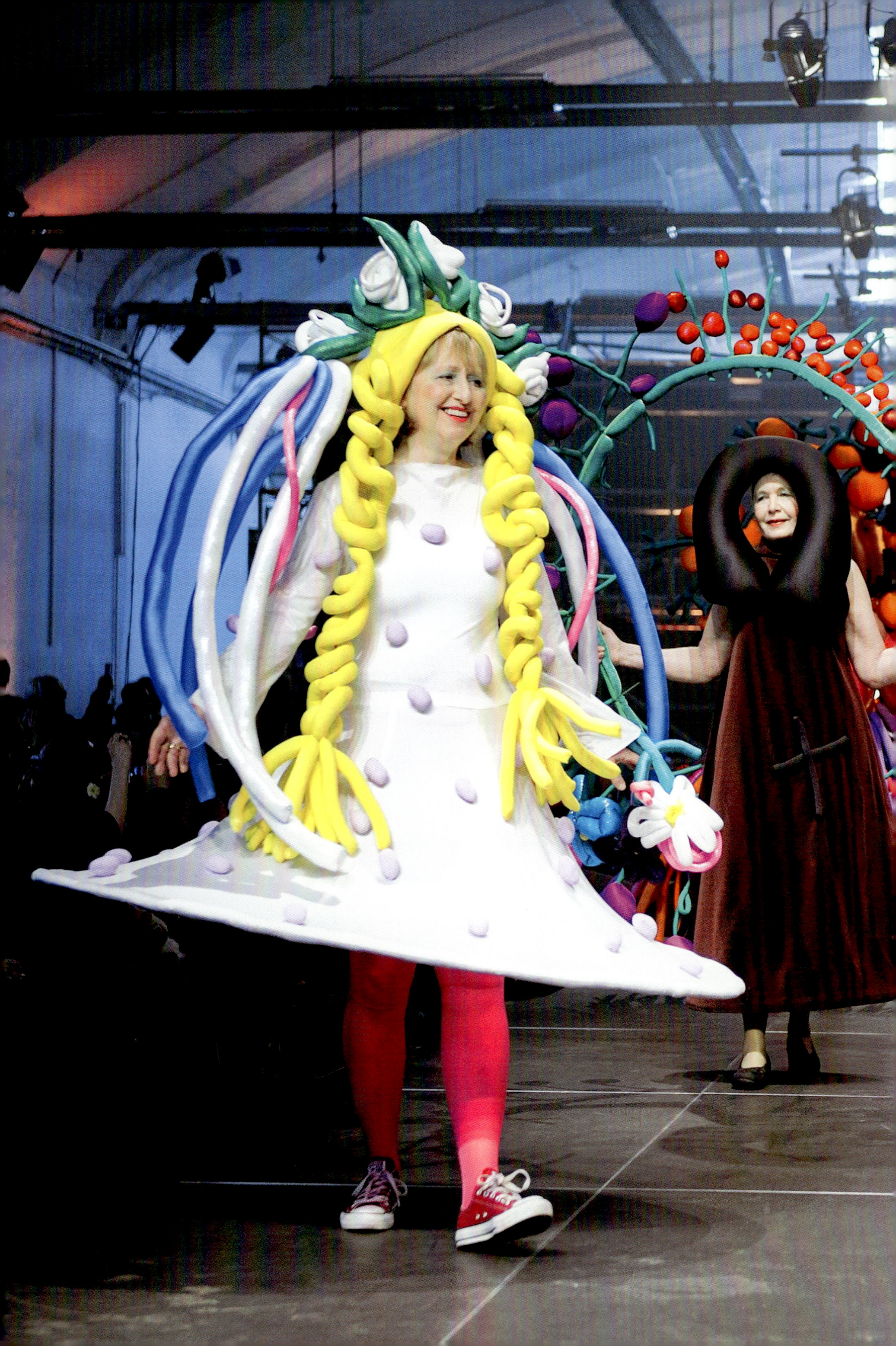

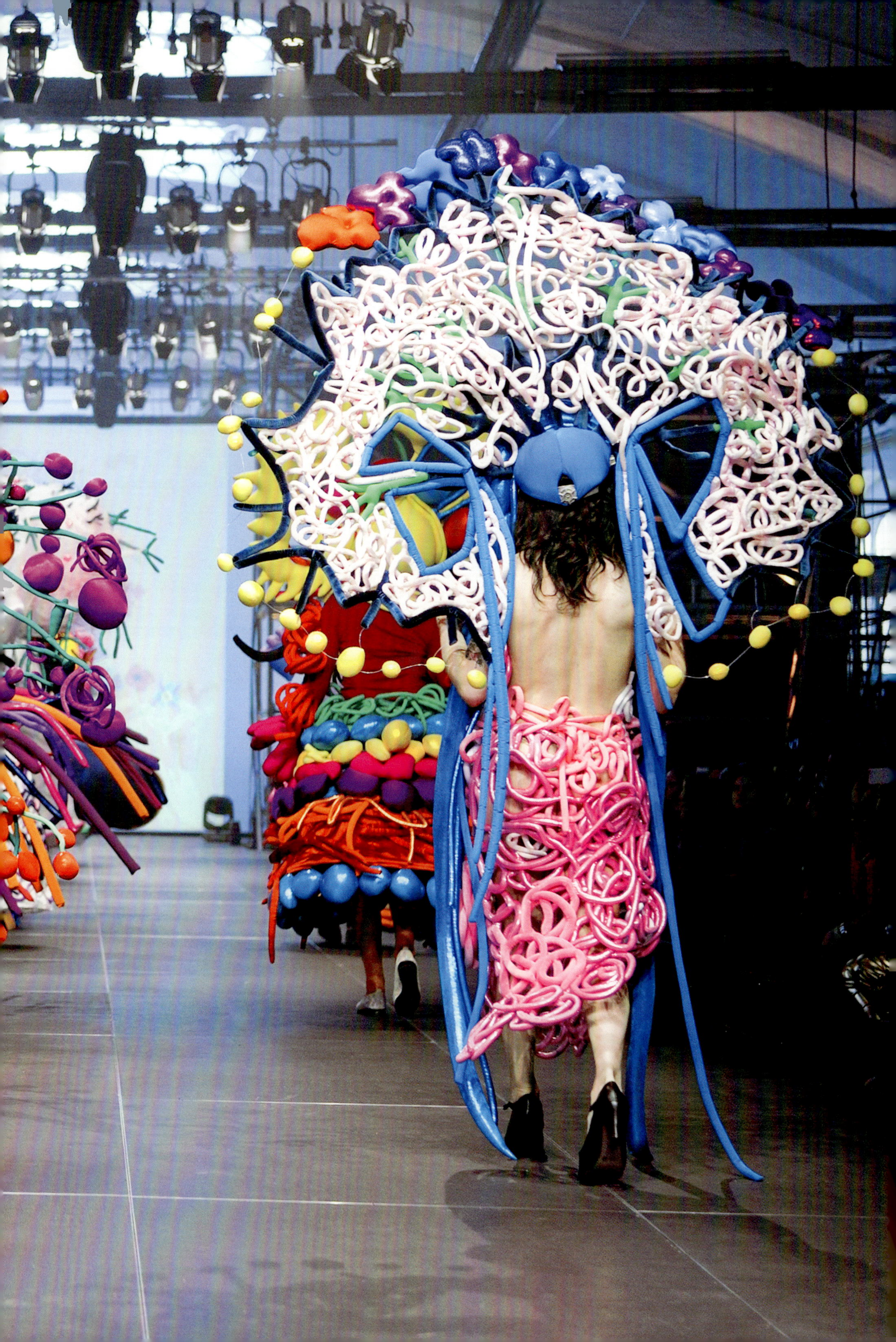

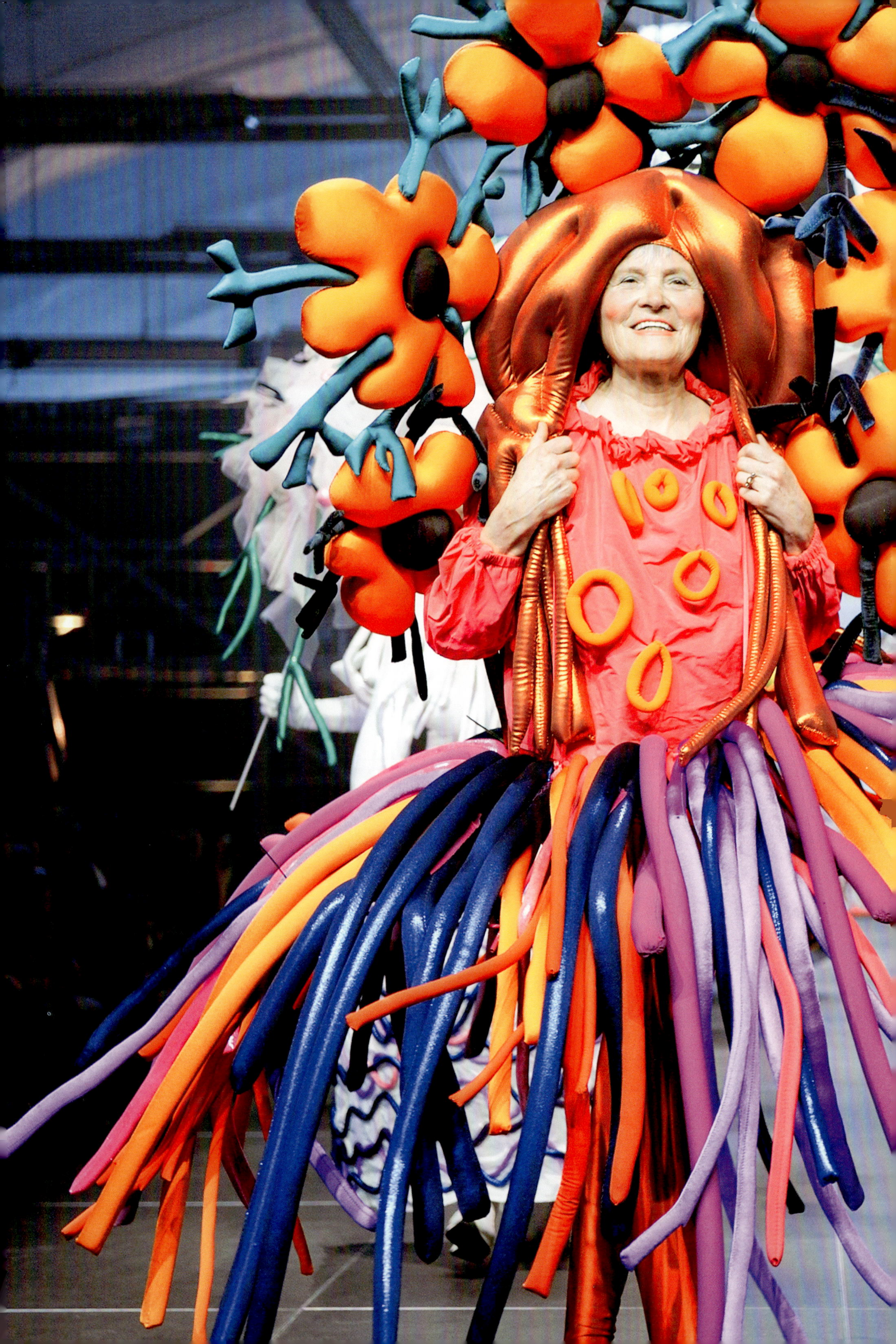

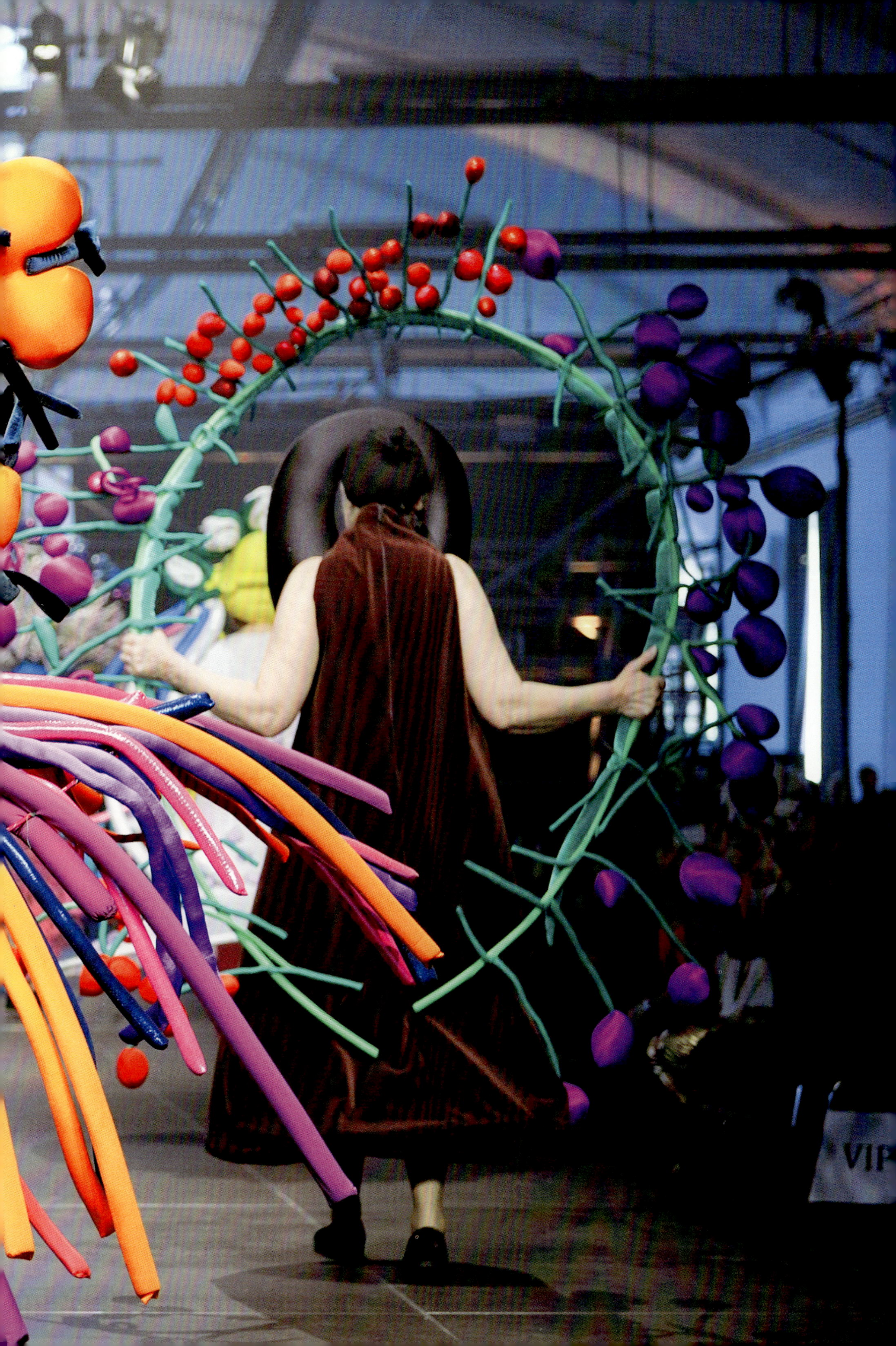
VIP

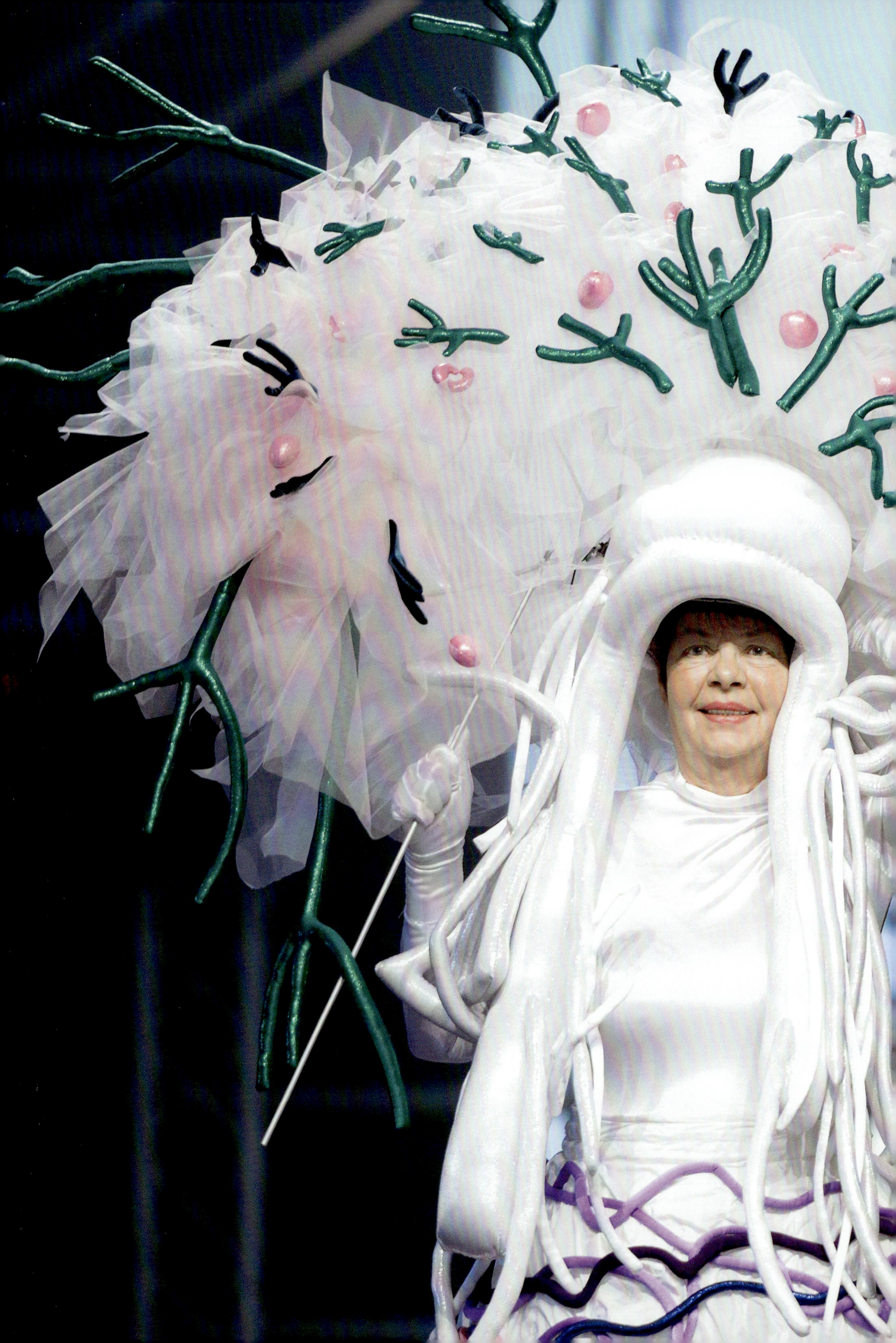

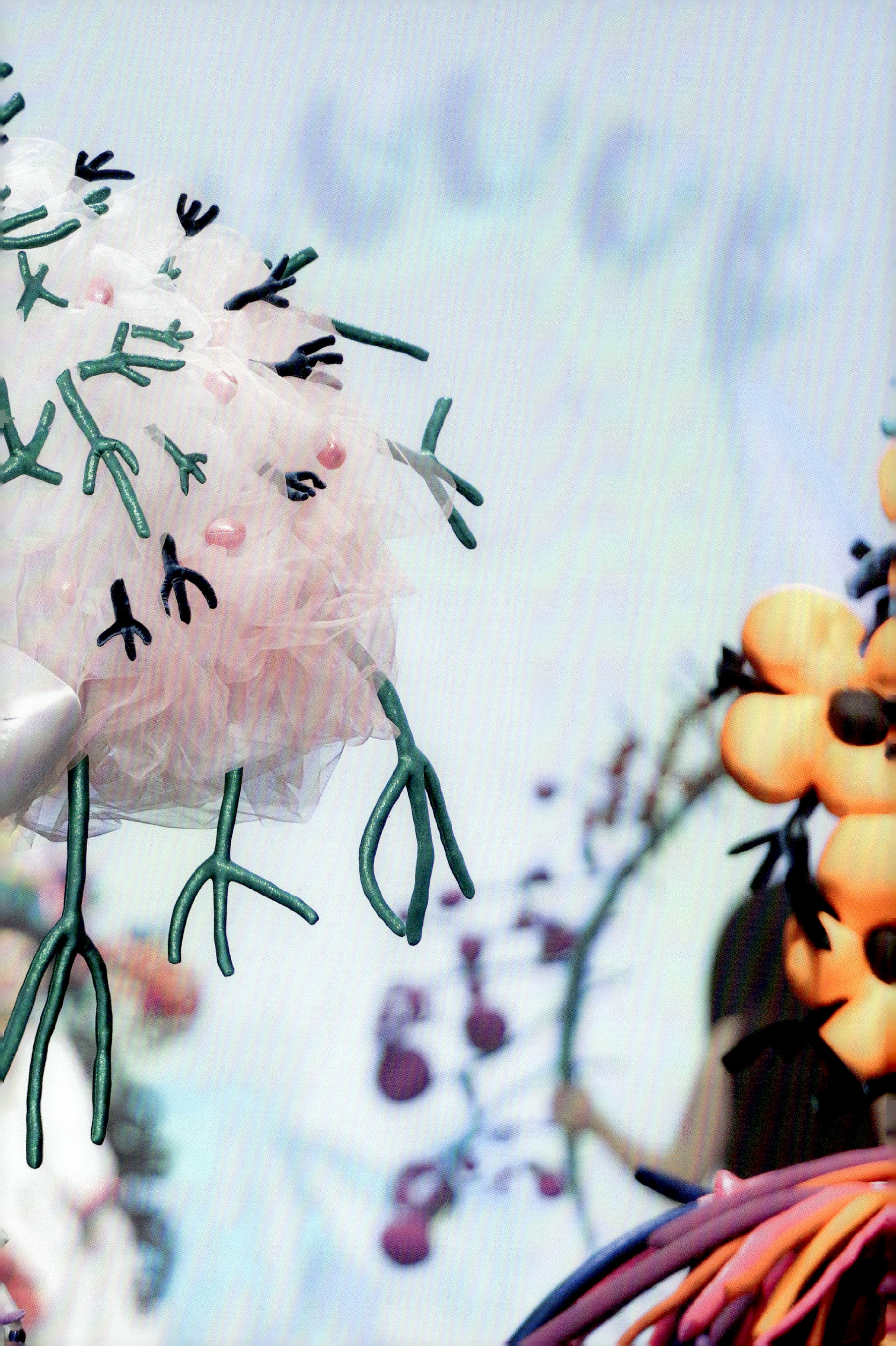

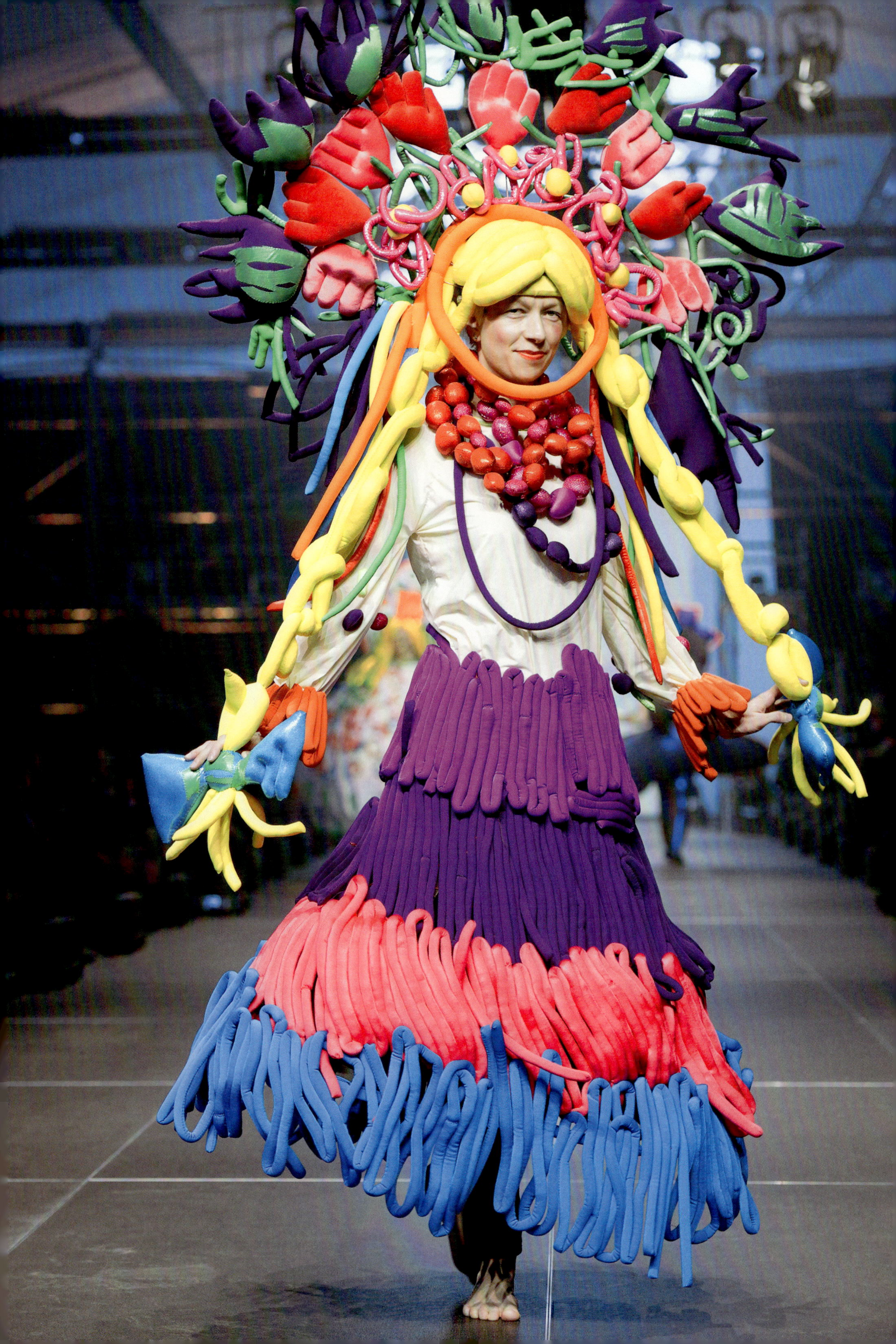

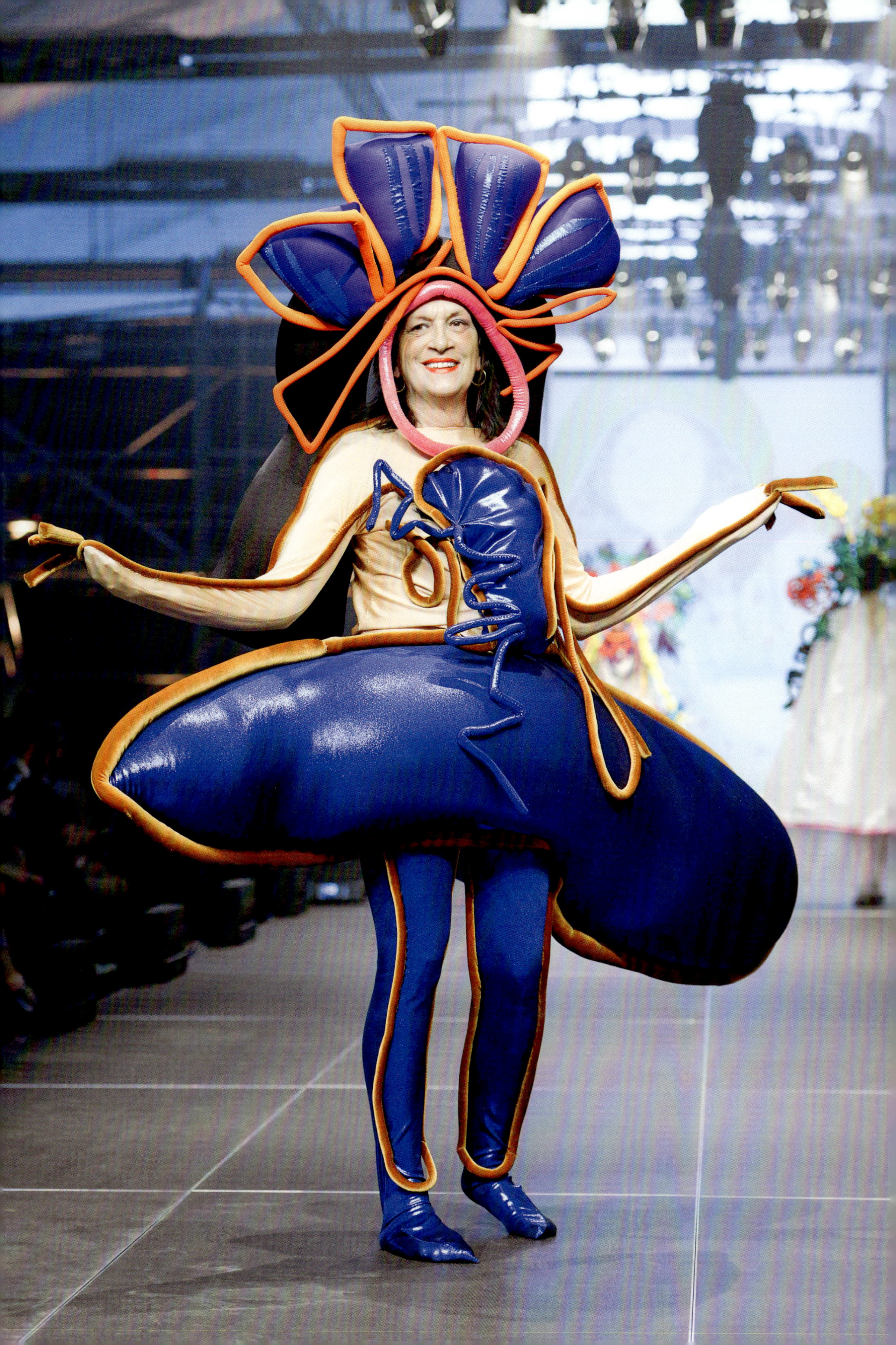

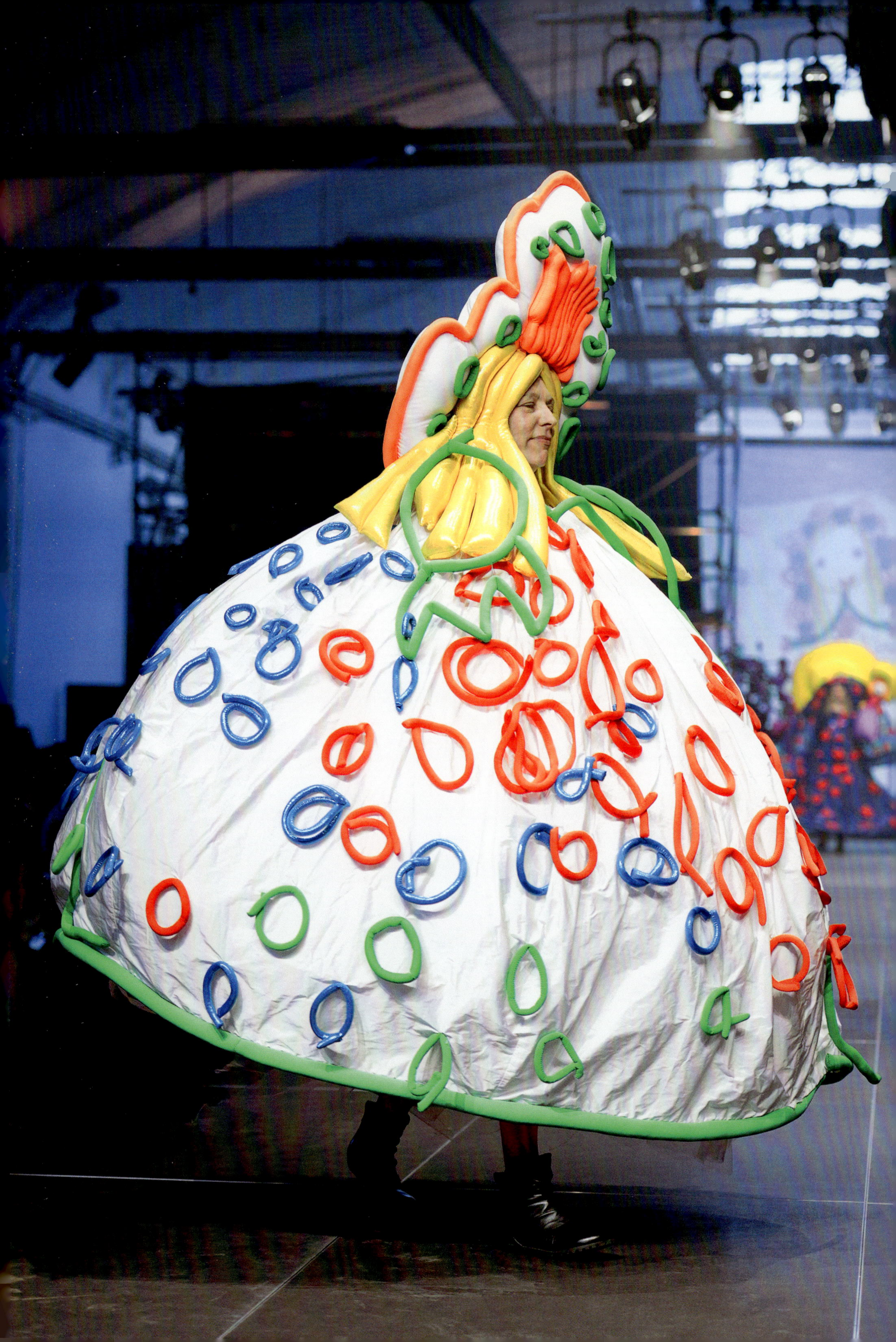

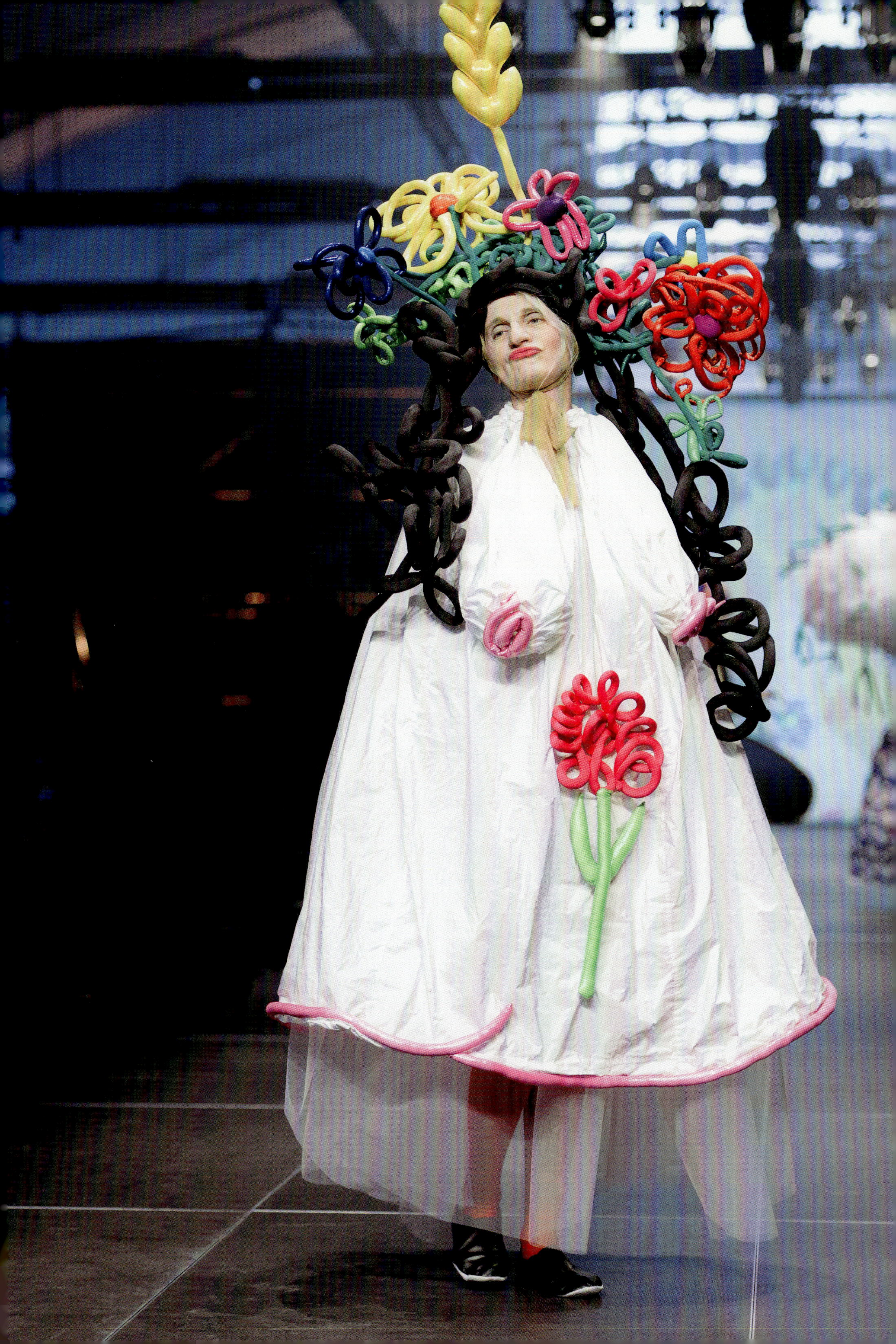

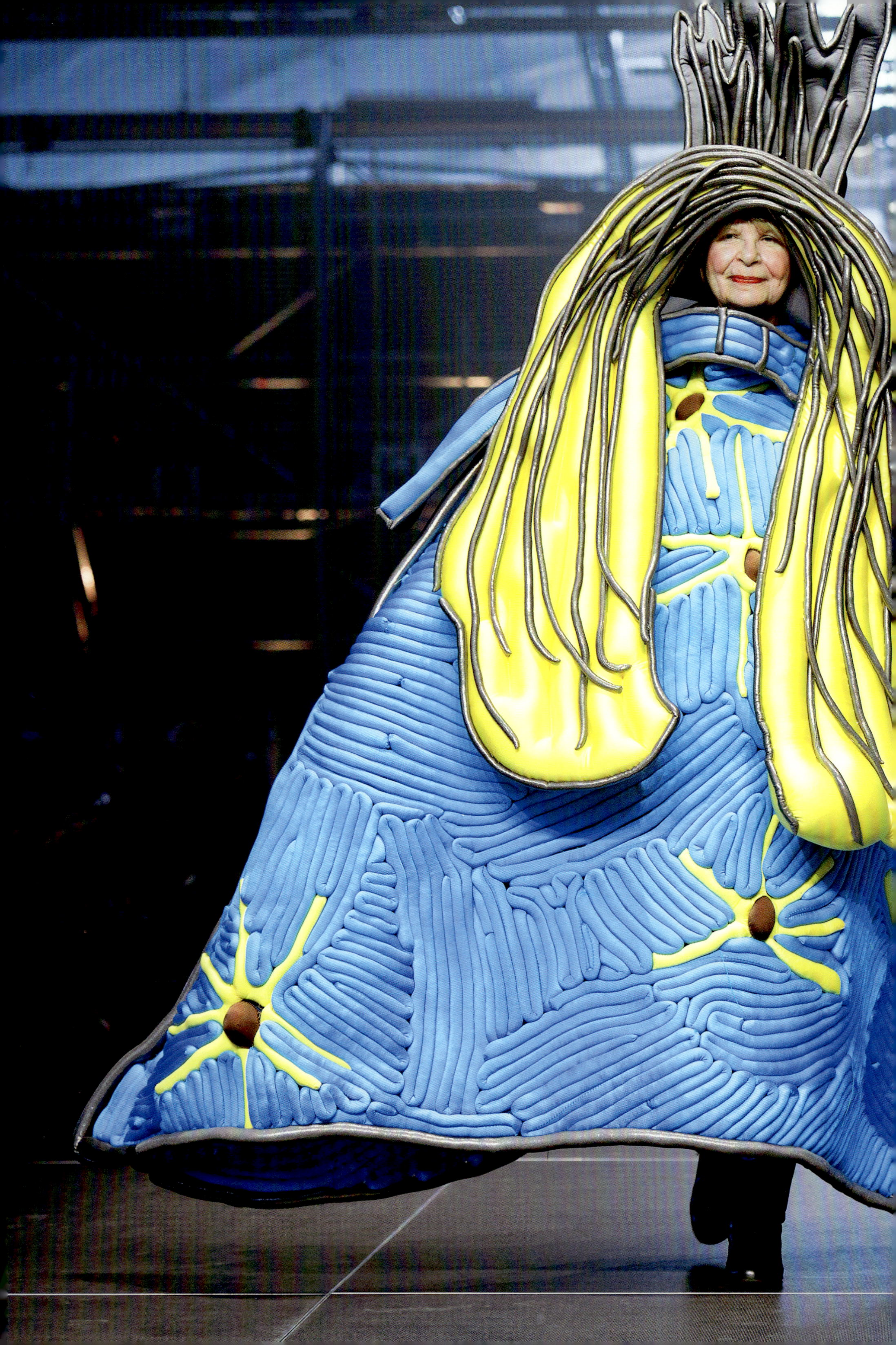

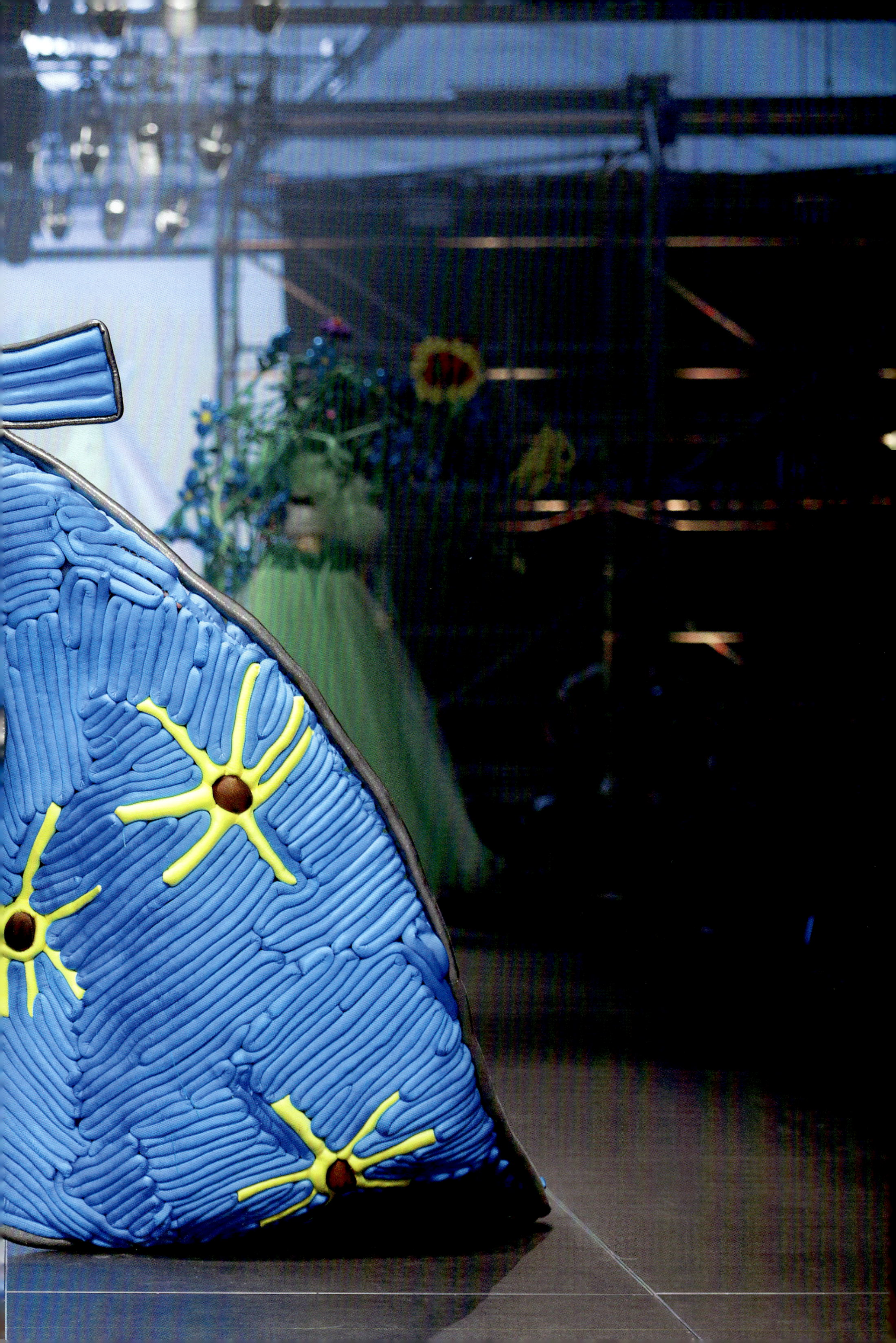

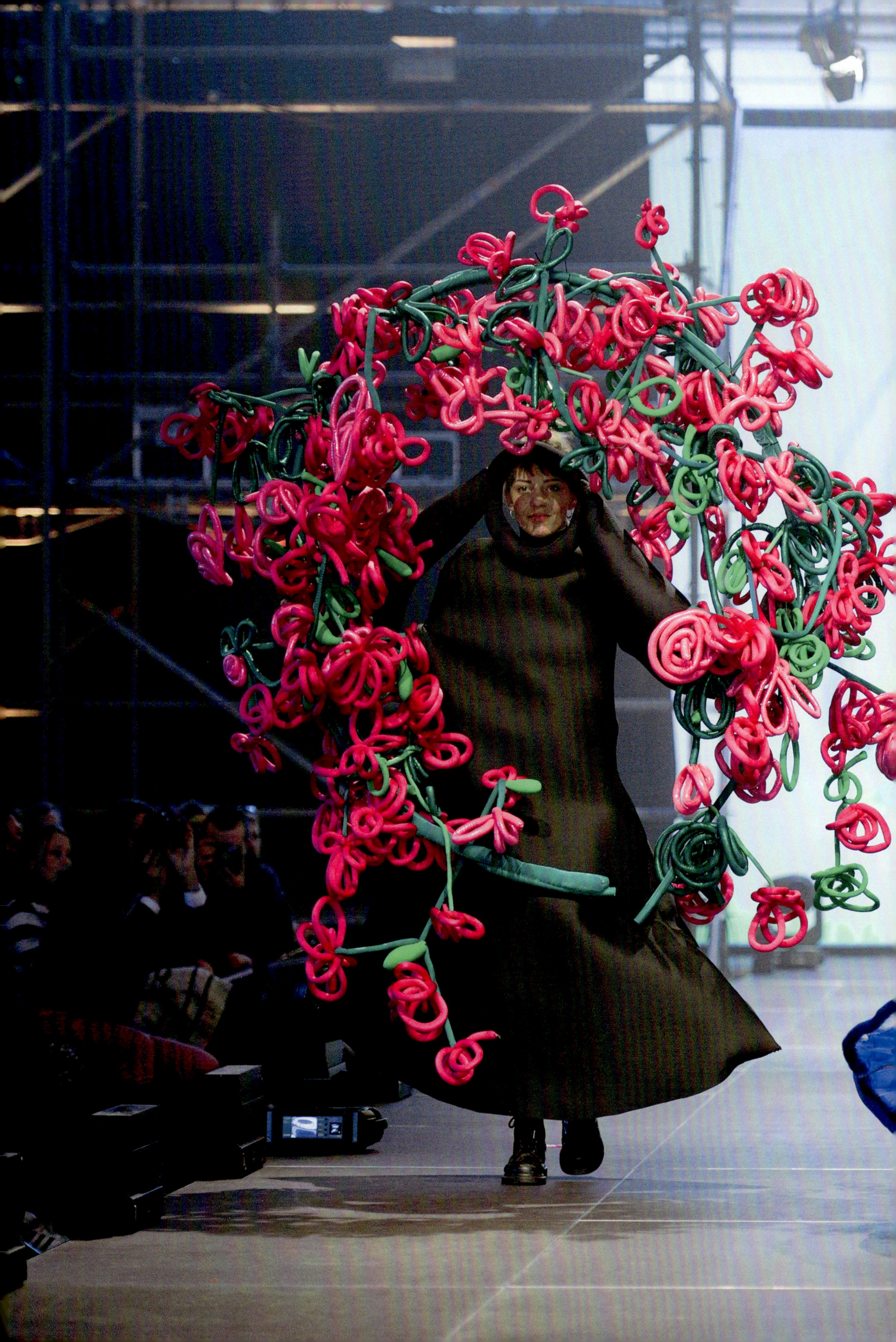

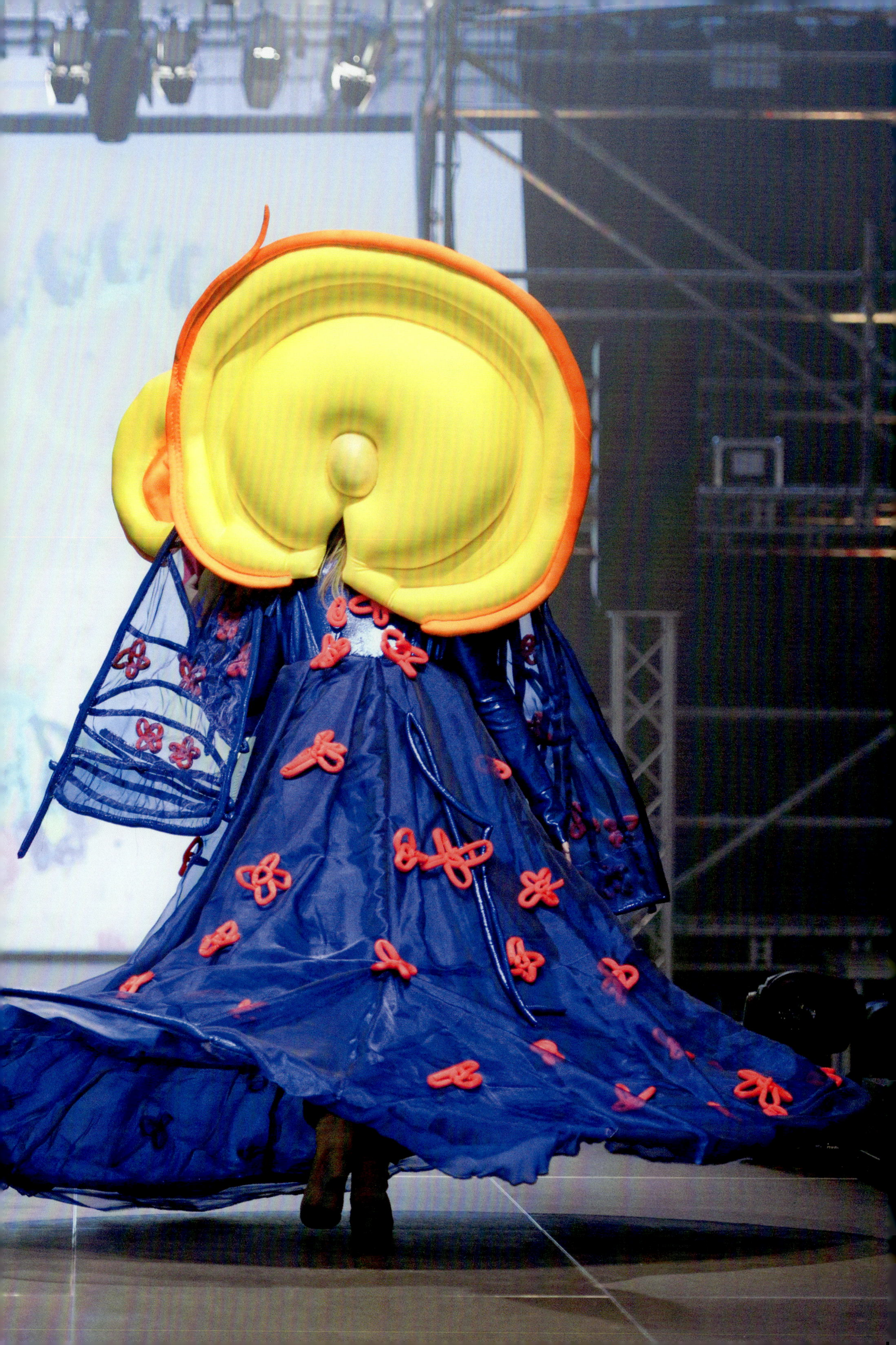

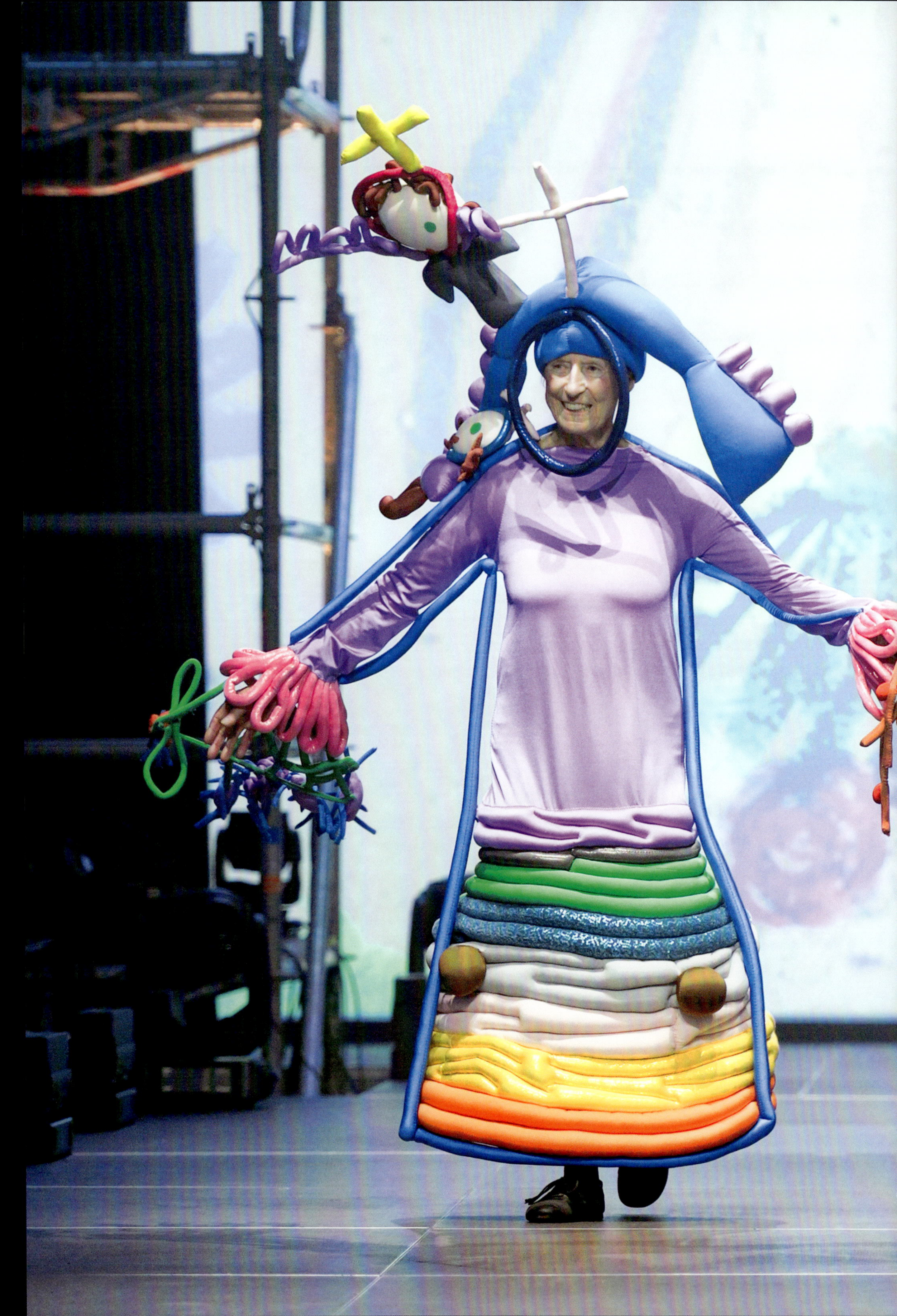

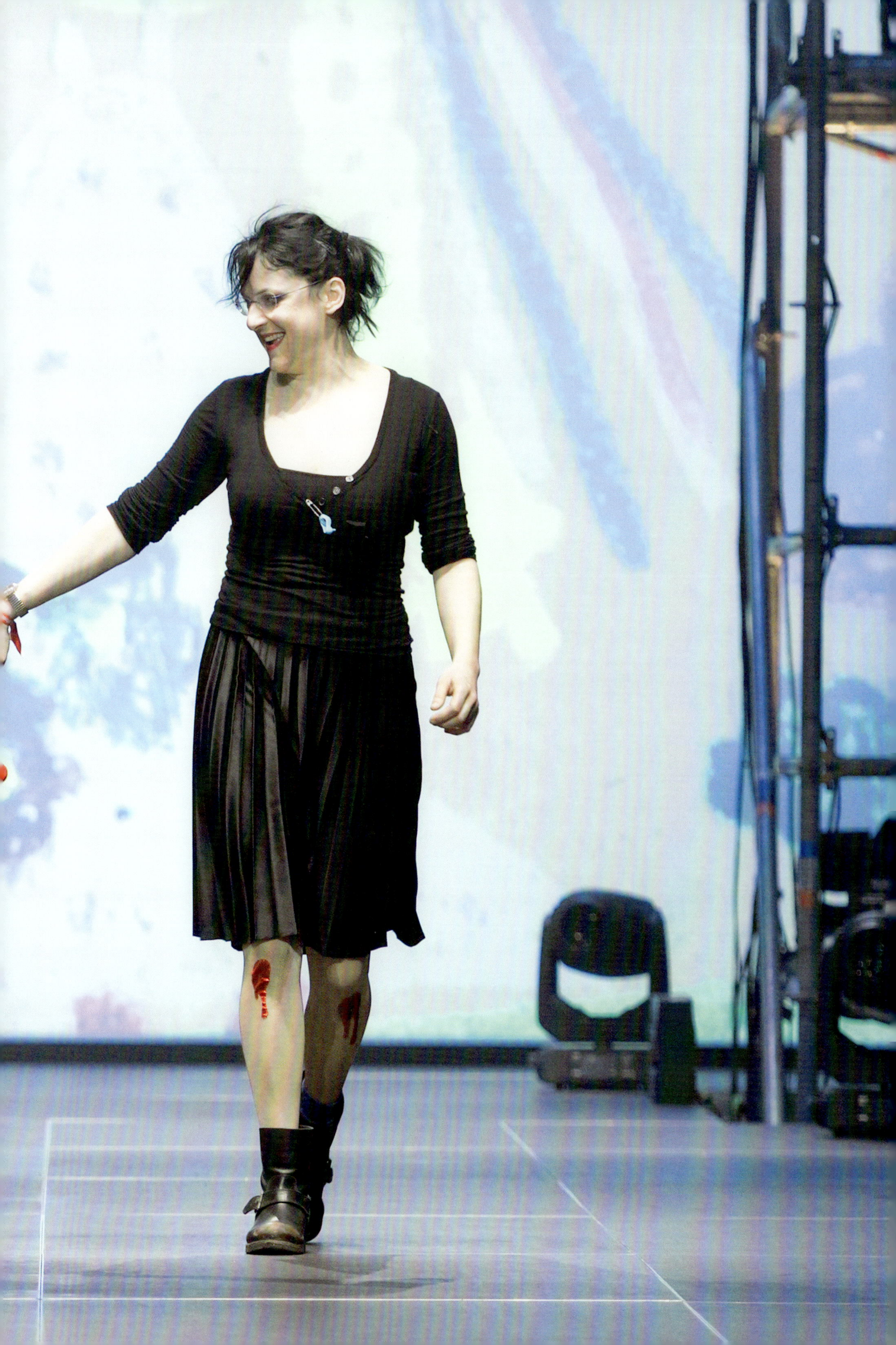

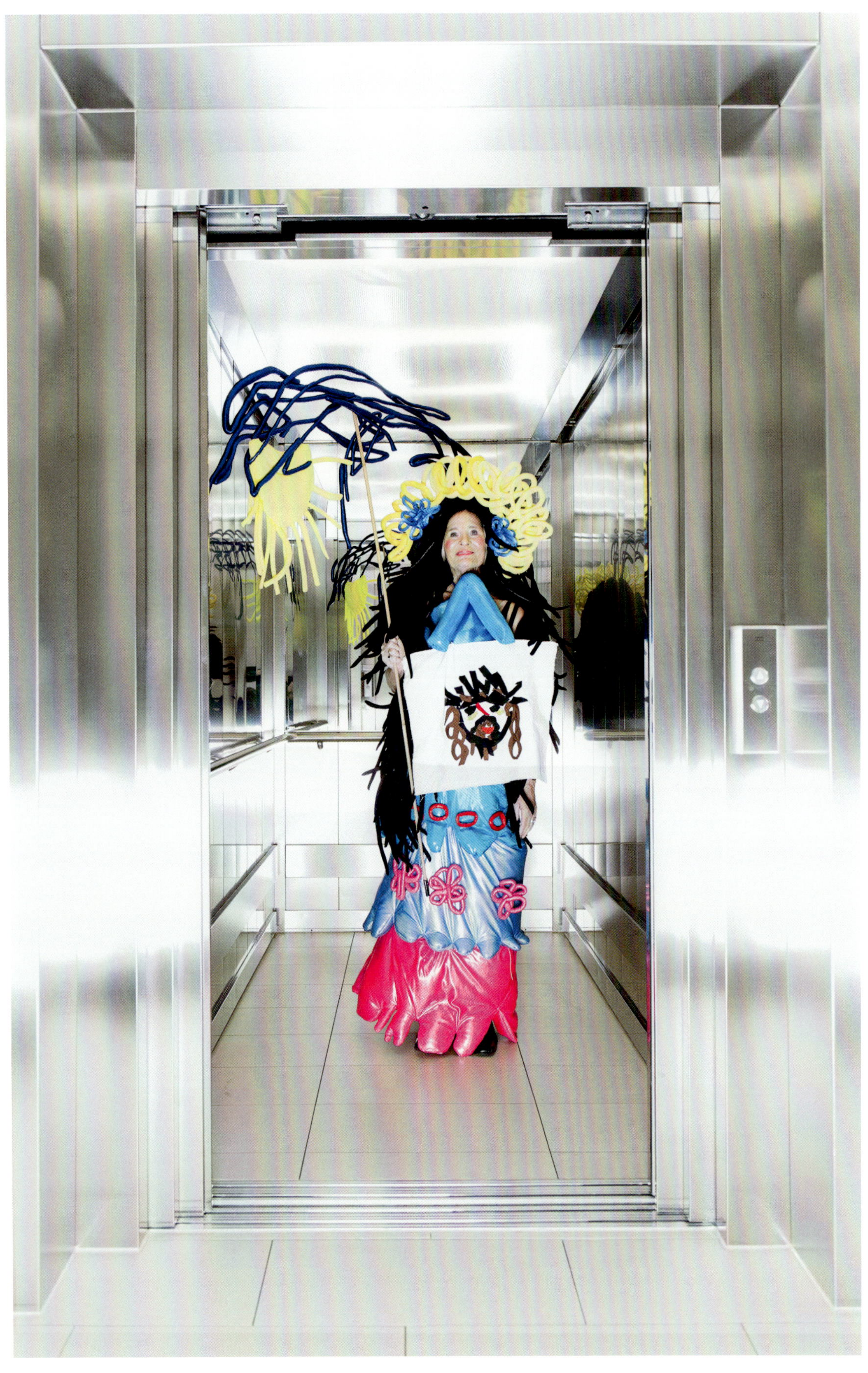

Änne Söll

Die fleischgewordene Kinderzeichnung: *Prinzessinnen und Heilige* von Justyna Koeke

Grün und lila, gelb und blau, orange und pink, blau und rot oder bunt: In Justyna Koekes tragbaren Skulpturen explodieren die kontrastreichen Farben ebenso wie die Striche und Schraffuren der Kinderzeichnungen, auf denen diese menschengroßen Objekte basieren. Präsentiert wird uns Koekes „Kollektion" – und hier kann man durchaus an die Kollektionen der Haute Couture denken – an Models, die Koeke in einer Seniorenresidenz der Extraklasse aufspürte. Koeke lässt ihre Kindheitskleider von älteren Frauen tragen, die sichtlich Spaß dabei haben: die Inszenierung lebt also vom Widerspruch zwischen Kindheitsfantasie und Altersdasein. Durch diesen „age gap" wird jedoch kein Urteil über das Verhältnis von Kindheit und Alter angestrebt. Vielmehr geht es um eine produktive Spannung, die durch die Fantasiekleider aus der Kindheit und die Gesichter der gealterten Damen entsteht. Wie können wir uns als Erwachsene unseren Kindheitsfantasien nähern? Wie verhält sich die kindliche Wahrnehmung zur „Realität" des Erwachsenendaseins bis hin zu unseren Erfahrungen im Alter? Auch die Funktion des „Verkleidens" wird thematisiert: Welchen Zweck erfüllt die Verkleidung für Mädchen, Frauen und alte Damen? Dürfen alte Frauen sich schmücken und aussehen, wie Fünfjährige es sich ausmalten?

Inszeniert wurden Koekes tragbare Objekte in einer modernen Seniorenresidenz: am Swimmingpool mit Zuschauer im Schwimmbecken, in der aseptischen Lobby (die auch eine schicke Hotellobby sein könnte), im schneeweißen Treppenhaus, im spiegelnden Aufzug, in der futuristischen Umkleidekabine und auf dem

Incarnate Children's Drawing: *Princesses and Saints* by Justyna Koeke

Green and purple, yellow and blue, orange and pink, blue and red, or brightly colored: In Justyna Koeke's wearable sculptures contrasting colors explode just like the lines and hatchings of the children's drawings on which the human-sized objects are based. Koeke's "collection"—definitely comparable to haute couture collections—is presented by models Koeke discovered in a retirement home extraordinaire. Koeke lets older women wear her childhood clothes and they apparently enjoy it: The presentation thus subsists on the contradiction between childhood phantasy and old-age existence. This "age gap" though is not an attempt to judge the relationship between childhood and old age. It is rather about a productive tension that is evoked between the phantasy dresses from childhood and the faces of the aged ladies. How can we approach our childhood phantasies as adults? How does the infantile perception correspond to the "reality" of adulthood, and up to our experiences in old age? Even the role of "disguising" is addressed: What purpose does it serve for girls, women, and older women? May older women decorate themselves and look the way that five-year-olds have imagined them to be?

Koeke's wearable objects are presented in a modern retirement home: At the swimming pool with audience inside, in the aseptic lobby (that might as well be a chic hotel lobby), in the snow white staircase, in the mirrored elevator, in the futuristic changing room, and at the glassy balcony. The modern, reduced, and almost always white architecture combined with spare, carefully selected wooden elements together functions as a museum environment, which puts

gläsernen Balkon. Die moderne, reduzierte, fast immer weiße Architektur mit wenigen, ausgesuchten Holzelementen fungiert hier als museale Umgebung, die den Arbeiten Koekes und ihren Trägerinnen einen „Starauftritt" ermöglicht. Nichts lenkt von den fantastischen Kostümen ab – der „White Cube" des Seniorenheims, das keins sein will, ist damit die ideale Kulisse für die so dynamischen und wilden Erfindungen Koekes, die noch ihrer Kindheit aus Polen entstammen.

Zusammen mit ihren Schwestern zeichnete Koeke zwischen 1979 und 1982 eine Reihe von Prinzessinnen und Heiligen, auf der diese Arbeit fußt. In der häuslichen Umgebung – der Vater Musiker an der Oper und die Mutter Künstlerin – war eine Menge Inspiration für das kindliche Interesse an prachtvollen Kostümen vorhanden. Die Schwestern hatten zwar keinen Fernseher im Haus, stattdessen aber Zugang zu Büchern mit alten Meistern und den Kostümen der Oper und des Balletts. Betrachtet man diese Kinderzeichnungen, wird deutlich, wie durch das wiederholte und zugleich differenzierte Motiv der Frau im Kleid der Versuch unternommen wird, sich nicht nur eine Fantasiewelt zu erschaffen, sondern sich auch die Welt der erwachsenen Frauen zu erschließen.[1] Einander gegenübergestellt erkennt man deutlich, welch ein enormer ästhetischer und konzeptioneller Sprung zwischen der Kinderzeichnung und dem daraus entstandenen skulpturalen Kleid besteht.[2] Indem die Zeichnung auf Lebensgröße gebracht wird und die farbigen Striche, Schraffuren und Flächen einen dreidimensionalen Charakter annehmen, tritt die Figur auf dem Blatt quasi aus der vergangenen Welt des Kindes hinaus und in unser gegenwärtiges Leben hinein. Zugleich wird die lebendige Frau

1 Für Rudolf Arnheim ist die Kinderzeichnung ein Weg, sich die komplexe Welt zu erschließen, zu analysieren und zu organisieren. Rudolph Arnheim, Zu Anfang das Kind, in: Jonathan Fineberg (Hg.), *Kinderzeichnung und die Kunst des 20. Jahrhunderts*, Essayband erschienen begleitend zur Ausstellung *Mit den Augen des Kindes – Kinderzeichnung und moderne Kunst* im Lenbachhaus München 1995, Ostfildern-Ruit 1995, S. 14–25.

2 Für Kinderzeichnungen interessiert sich nicht nur die Psychologie und Psychoanalyse, um die emotionale Entwicklung des Kindes dadurch zu erforschen. Auch die Kunstgeschichte und der Ausstellungsbetrieb befassen sich mit Kinderzeichnungen, hauptsächlich von Künstlern und Künstlerinnen. Neuestes Beispiel ist die Ausstellung *Paper Worlds. Kinder- und Jugendzeichnungen zeitgenössischer Künstler* im me Collectors Room, Berlin 2014, dazu erschienen ist ein Ausstellungskatalog mit gleichnamigen Titel.

1 For Rudolf Arnheim the children's drawing is a way to approach a complex world, to analyze it, and to organize it. Cf. Rudolph Arnheim, Zu Anfang das Kind, in: Jonathan Fineberg (ed.), *Kinderzeichnung und die Kunst des 20. Jahrhunderts*, Ostfildern-Ruit 1995, pp. 14–25.

2 Not only psychology and psychoanalysis are interested in children's drawings. Their interest is to study the emotional development of a child thereby. Also art history and exhibitions have been interested in children's drawings, mainly by artists. The latest example is the exhibition *Paper Worlds. Kinder- und Jugendzeichnungen zeitgenössischer Künstler* at me Collectors Room, Berlin 2014, a catalog has been published under the same title.

Koeke's work and its wearers on exhibit in the truest sense. Nothing distracts from the fantastic costumes—the retirement home's "white cube" (in spite of itself) therefore is the ideal setting for the so dynamic and wild inventions by Koeke, dating from her childhood in Poland.

Together with her sisters, Koeke drew a series of princesses and saints between 1979 and 1982, which is the basis for this work. The homely atmosphere—the father a musician at the opera, the mother an artist—offered a lot of inspiration to her jejune interest in magnificent costumes. Without a TV at home, the sisters instead had access to books about the Old Masters and opera and ballet costumes. Looking closely at the children's drawings one sees an obvious attempt to not only create a phantasy world with the repetitive—and at the same time differentiated—motif of the woman in the dress, but also to open up the world of adult women.[1] When compared, one recognizes the enormous aesthetic and conceptional leap from the children's drawing to the fully realized sculptural dress.[2] By scaling the drawing to life-size, the colorful lines, hatchings, and surfaces take a three-dimensional character, and the figure from the paper steps practically out of the past world of the child and into our contemporary life. Similarly, the woman inhabiting the frock in real time is transferred into the two-dimensional phantasy world of the child by the costumes. Hence we are forced to acknowledge that we always

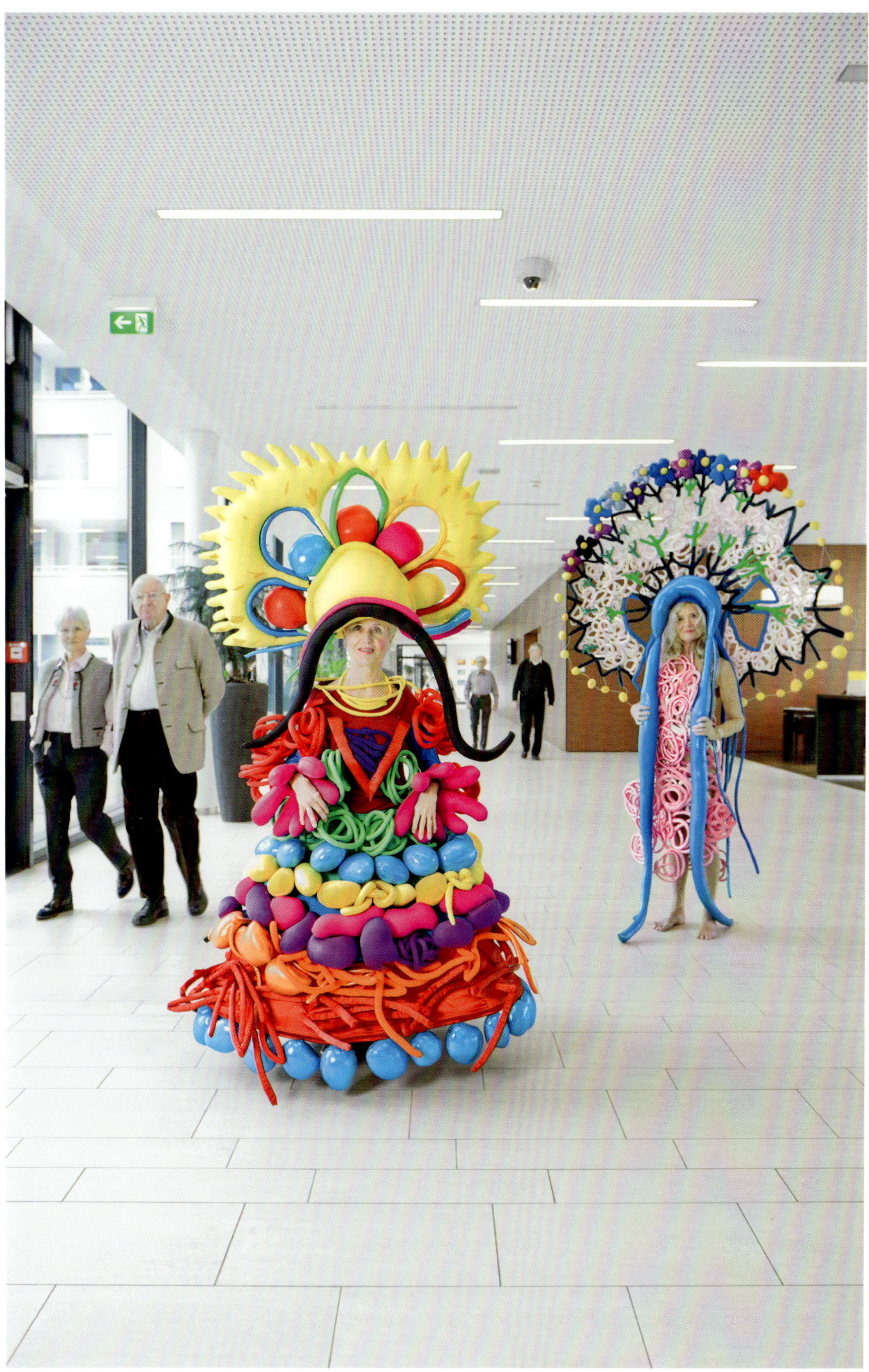

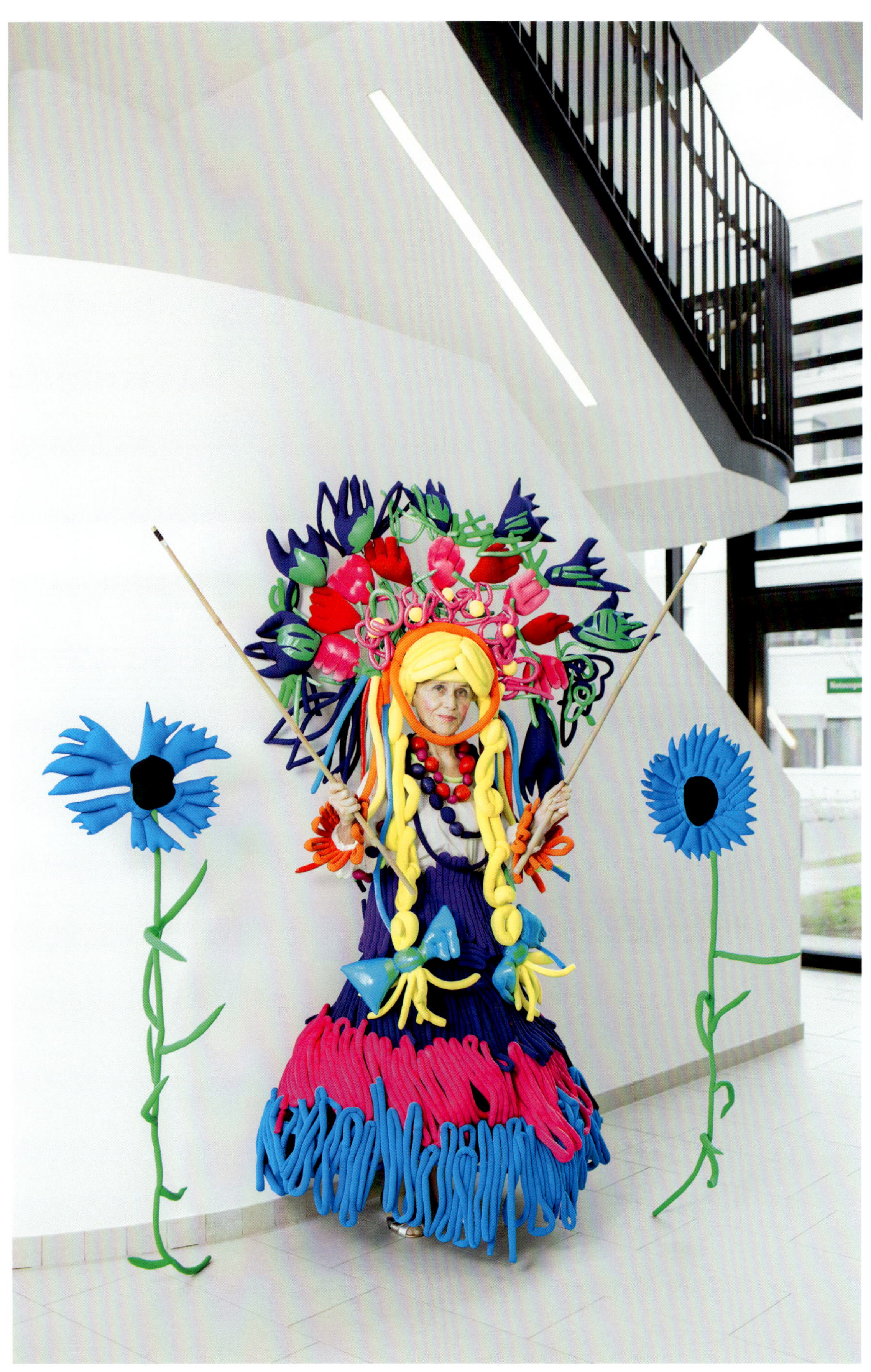

3 Das stellt auch schon Jonathan Fineberg fest in: ders., Introduction: Gifts of Seeing, in: Jonathan Fineberg (Hg.), *When we were Young. New Perspectives on the Art of the Child*, Ausst.-Kat. Philipps Collection, Washington, Berkeley 2006, S. 1–18, hier S. 2.

4 Kinderzeichnungen sind nicht nur die materialisierte Fantasie des Kindes, sondern verarbeiten ebenso kulturelle Vorbilder und Konventionen sowie die Bildwelt anderer Kinder. Für einen Überblick zur Forschung über Kinderzeichnungen in der Psychologie siehe Olga Ivashkevich, *Drawing in Childrens Lives*, in: ibd., S. 45–59.

3 Also Jonathan Fineberg remarks this. Cf. Jonathan Fineberg, Introduction: Gifts of Seeing, in: Jonathan Fineberg (ed), *When we were Young. New Perspectives on the Art of the Child*, exhibition catalog Philipps Collection, Washington, Berkeley 2006, pp. 1–18, see p. 2.

4 Children's drawings are not only the materialized phantasy of a child but also incorporates cultural idols and conventions as well as the pictorial world of other children. For an overview on the research on children's drawings in psychology, see: Olga Ivashkevich, *Drawing in Childrens Lives*, in: ibid., pp. 45–59.

have an adult perspective on the children's drawings that we can only appreciate retrospectively.[3]

Although the children's drawings give us a visualization of her concept, Koeke's sculptural clothing-objects become independent and develop lives of their own. Not only do they reflect the pleasure of drawing and the imaginative force which underlies each figure on the paper, they also refer to pictorial and gender conventions evoked by these female characters.[4] Mostly composed of a dress with a wide, flared skirt, and a blossom headdress or a halo, sometimes with a stick or a baby Jesus attached, Koekes creations remind us of the most influential female ideals of the western world. On the one hand, we meet the princess as a virginal potential spouse of a ruler whose only duty is to represent sovereign power by her beauty. On the other hand, we recognize saints whose role as self-sacrificing (virgin) women determines the image of women within the Catholic Church up to today. However, a comparison shows that in Koekes' work the boundaries between the two role models are not as distinct as one would expect. In Koekes' childlike imagination both—princess and saint—are similarly magnificent and colorful, their dresses sweeping and extensive alike. In the little girl's world they seem to inhabit one common world which is about being at the center of attention, gorgeously dressed within a world full of flowers and sunshine. In the foreground of the children's drawing there is the representative role of women as wearers of expressive clothing which almost fully replaces their bodies. In the drawing as much as in the sculptural presentation the wearer's body disappears consequently behind

durch die Kostüme in die zweidimensionale Fantasiewelt des Kindes transportiert. So sind wir gezwungen zu erkennen, dass wir immer eine erwachsene Perspektive auf die Kinderzeichnungen haben und diese nur retrospektiv wahrnehmen können.[3]

Obwohl die Kinderzeichnungen natürlich das visuelle Vorbild abgeben, machen sich die skulpturalen Kleidungsobjekte Koekes jedoch selbstständig und entwickeln ein Eigenleben. Sie reflektieren nicht nur den Spaß am Zeichnen und die imaginative Kraft, die in den Figuren auf dem Blatt steckt, sondern verweisen auch auf die Bild- und Geschlechterkonventionen, die durch diese Frauengestalten aufgerufen werden.[4] Zumeist bestehend aus einem Kleid mit weit ausgestellten Rock und einem Kopfschmuck aus Blüten oder Heiligenschein, manchmal versehen mit einem Stab oder einem Jesuskind, rufen Koekes Kreationen die einflussreichsten weiblichen Idealbilder der westlichen Welt auf. Einerseits treffen wir auf die Prinzessin als potentielle, jungfräuliche Regentengattin, deren einzige Aufgabe es ist, die herrschaftliche Macht durch ihre Schönheit zu repräsentieren. Andererseits erkennen wir die Heilige, die in ihrer Rolle als sich aufopfernde (Jung-)Frau das Frauenbild der katholischen Kirche bis heute bestimmt. Ein Vergleich zeigt jedoch, dass in Koekes Inszenierungen die Grenze zwischen beiden Rollenvorbildern gar nicht so trennscharf verläuft, wie man vermuten würde. In Koekes kindlicher Imagination sind beide – Prinzessin und Heilige – ähnlich prachtvoll und bunt, ihre Kleider genauso ausladend und raumgreifend. In der Welt des kleinen Mädchens scheinen sie eine gemeinsame Welt zu bevölkern, in der es darum geht, möglichst prachtvoll ausgestattet in einer Welt voller Blumen und Sonnenschein im Mittelpunkt der

Aufmerksamkeit zu stehen. Im Vordergrund der Kinderzeichnung steht damit die repräsentative Rolle der Frau als Trägerin von expressiver Kleidung, die ihren Körper als solchen fast vollständig ersetzt. In der Zeichnung wie in der skulpturalen Präsentation verschwindet der Körper der Trägerin konsequenterweise hinter der Materialität der bunten Kleidungspracht. Zumeist ist nur noch der Kopf sichtbar, der Rest des Körpers wird durch die gedrehten, gewirbelten, in Form gebrachten und fast immer ausgepolsterten Wülste und drapierten Schlangen überlagert. Die Frauen sind in diesen Kleidern de facto nur noch „Kleid“: Das Kleid wird nicht mehr vom Frauenkörper getragen und dadurch sichtbar gemacht. Nein, der Körper wird vielmehr vom Kleid ausgelöscht und dadurch ersetzt. Zugespitzt könnte man sagen, es geht ums „Kleid-sein“, um die Erfahrung, vollständig in der bunten, ausufernden Kleidung aufzugehen. Besonders deutlich wird diese Strategie am Beispiel der „Blauen Prinzessin“, deren Kleid mit gelben sonnenartigen Blumen verziert ist und deren Taille direkt unterm Hals ansetzt. Mit seiner starken Ausdehnung nach rechts und seinen kurzen Ärmeln, die auch die Enden einer großen Schleife darstellen könnten, besteht das Kleid nur aus einem voluminösen, steifen, zweidimensionalen Rock, unter dem der gesamte Körper der Trägerin verschwindet. Das fröhliche Gesicht erscheint, einem Jahrmarktspaß gleich aus einem Loch zwischen Krone und Rock hervor zu lugen und gibt keinerlei Hinweise auf den Rest des Körpers. Auch die Haare, ersetzt durch eine überdimensionale „Perücke“, werden vergrößert und verflacht. Die Hauptrolle spielt hier stets das Kleid, das in seiner ganzen machtvollen Ausdehnung der Frau dahinter im wahrsten Sinne des Wortes

the materiality of the colorful vestimentary glory. In most cases, only the head remains visible, while the rest of the body is covered by twisted, twirled, shaped, and almost always padded bulges and draped "snakes." Women in these dresses are de facto only "dresses": The dress is not worn by the female body and thereby made visible. No, the body is erased and replaced by the dress instead. In a nutshell, one could say it is more about "being-dress" than "being dressed", about the experience of being merged into colorful, sprawling clothes. This strategy becomes particularly obvious in the example of the "blue princess", whose dress is decorated with yellow sun-like flowers, and whose waist begins right under her neck. With its massive extension on the right and its short sleeves, that might also be the ends of a huge ribbon, the dress merely consists of a voluminous, stiff, two-dimensional skirt under which the whole wearer's body disappears. The happy face appears as if it would peek out from a hole between crown and skirt and gives no idea about the rest of the body. Even the hair is enlarged and flattened by an oversized "wig." The dress always plays the main role which in all its mighty extension literally makes room for the woman behind it. No one can easily (sur-)pass this vestimentary glory. Only exceptions are Koeke's nuns, whose black habit appears to be smaller and more modest. But these women take up room as well, an effect created for example by a flower garland with pink blossom, which winds around the nun. Neither is this about the modesty nor about the humility of a restrained appearance but about occupying a room through the self-confident claim for glory which guarantees attention.

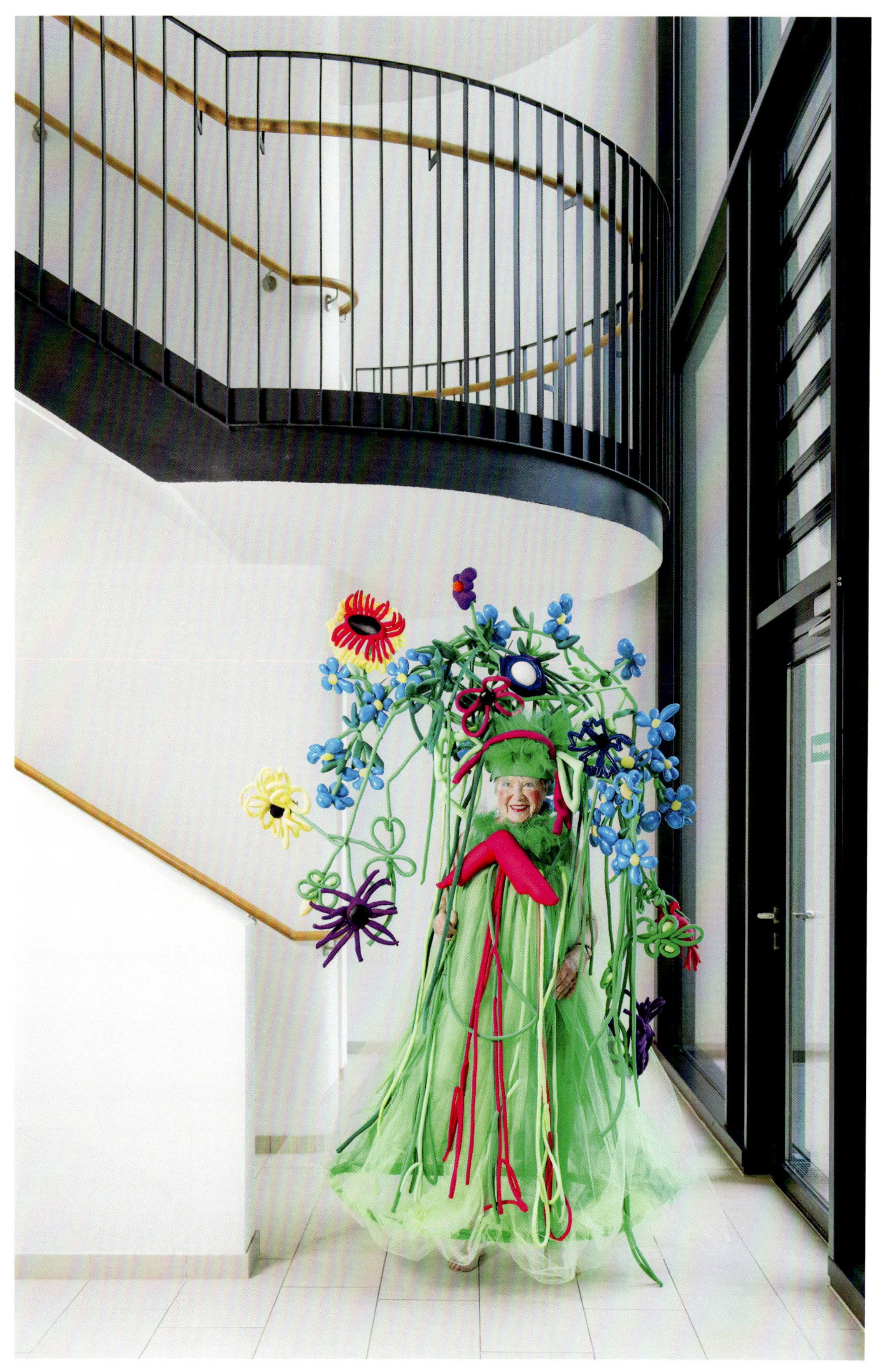

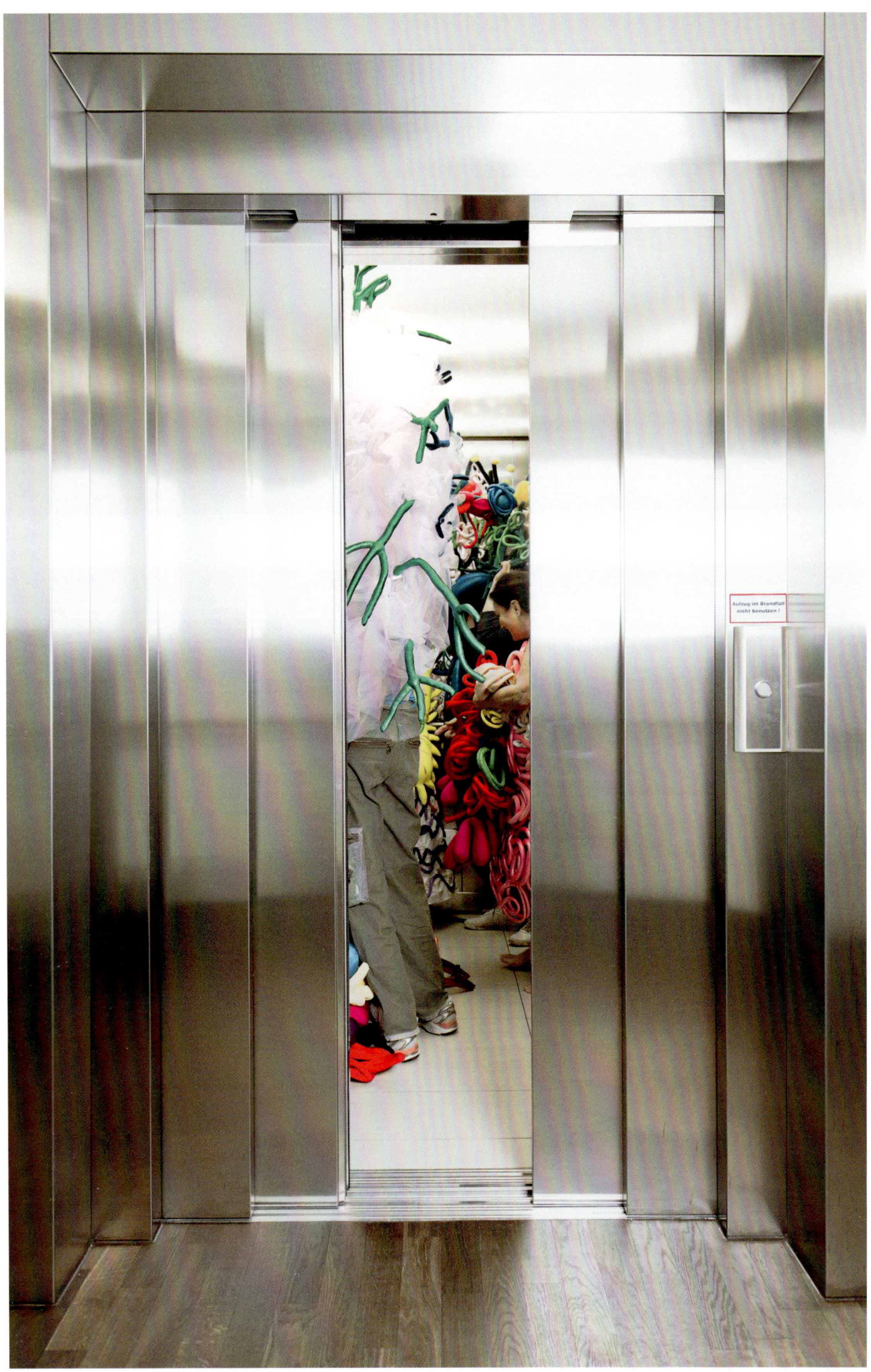
Aufzug im Brandfall
nicht benutzen !

Platz verschafft. An dieser vestimentären Pracht kommt niemand so leicht vorbei. Die einzige Ausnahme bilden Koekes Nonnen, deren schwarze Kutten kleiner und bescheidener wirken. Raum nehmen diese Frauen jedoch ebenfalls ein, dafür sorgt zum Beispiel eine Blumengirlande, die sich mit rosafarbener Blütenpracht um die Nonne herumrankt. Auch hier geht es nicht etwa um Bescheidenheit oder Demut durch eine zurückhaltenden Erscheinung, sondern um die Besetzung des Raums durch selbstbewusste Prachtentfaltung, die Aufmerksamkeit garantiert.

Die Verkleidung der Frauen, das machen Koekes fleischgewordene Kindheitsfantasien deutlich, fungiert hier demnach als eine Möglichkeit Raum einzunehmen, als eine Gelegenheit auf sich aufmerksam zu machen und selbstbewusst aufzutreten. Das bunte, ausufernde und raumgreifende Kleid verleiht also Macht, Stärke und Schönheit zugleich. Dadurch, dass der Körper quasi vom Kleid ersetzt wird, ist es das vestimentäre Objekt, das hier die Hauptrolle spielt und das es seinen Trägerinnen erlaubt, die Hauptrolle zu spielen. Und dies nicht nur auf einem Blatt Papier, sondern ebenso auf den Fluren der Seniorenresidenz.

Koeke's incarnate childhood phantasies make one thing obvious: the women's disguise functions as a possibility to take up room, as a possibility to draw attention towards oneself and to appear self-confidently. The colorful, sprawling, and extensive dress endows one with power, force, and beauty simultaneously. As the body is virtually replaced by the dress the vestimentary object assumes a central role and allows its wearers to play the lead. Not just on a piece of paper but also in the hallways of the retirement home.

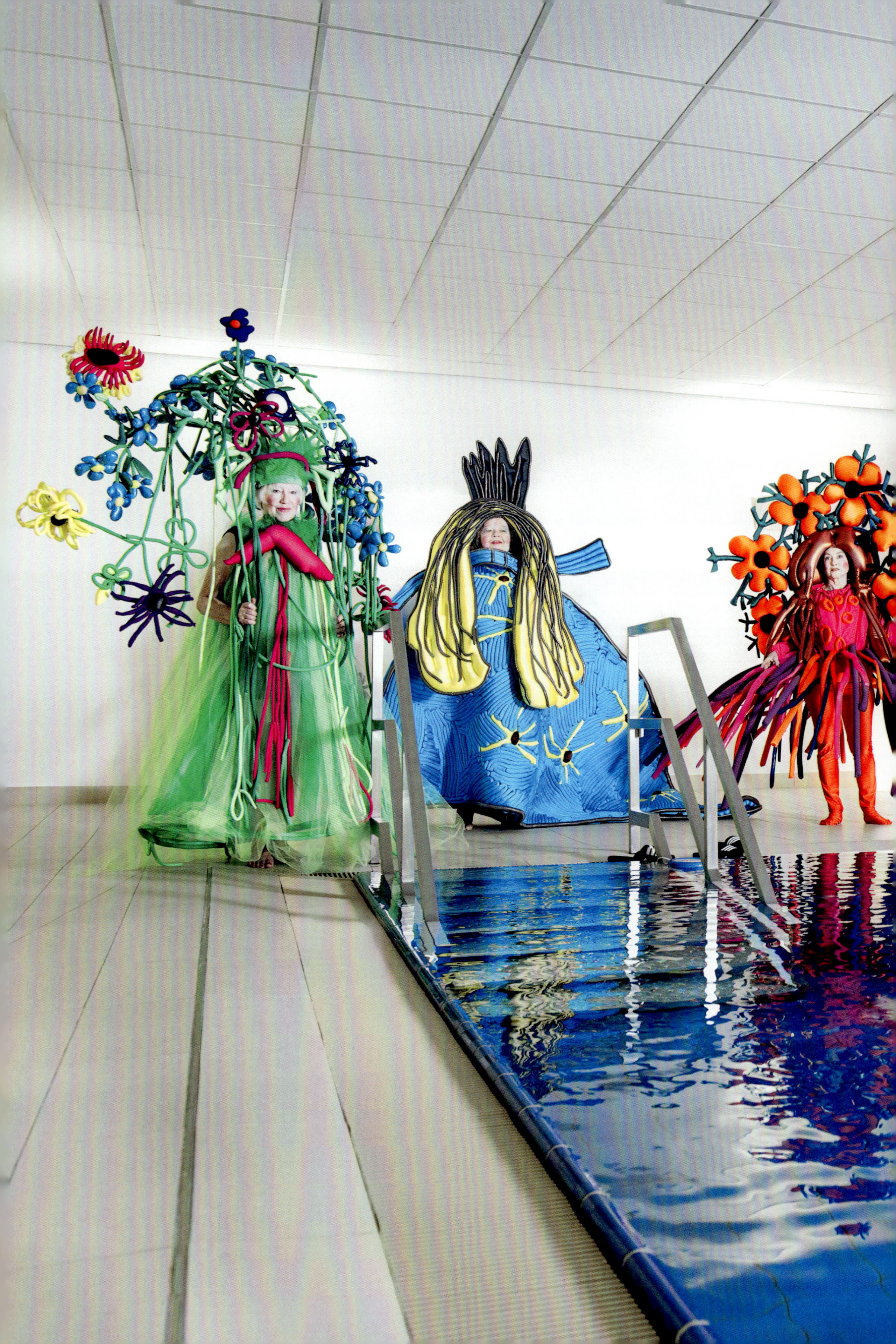

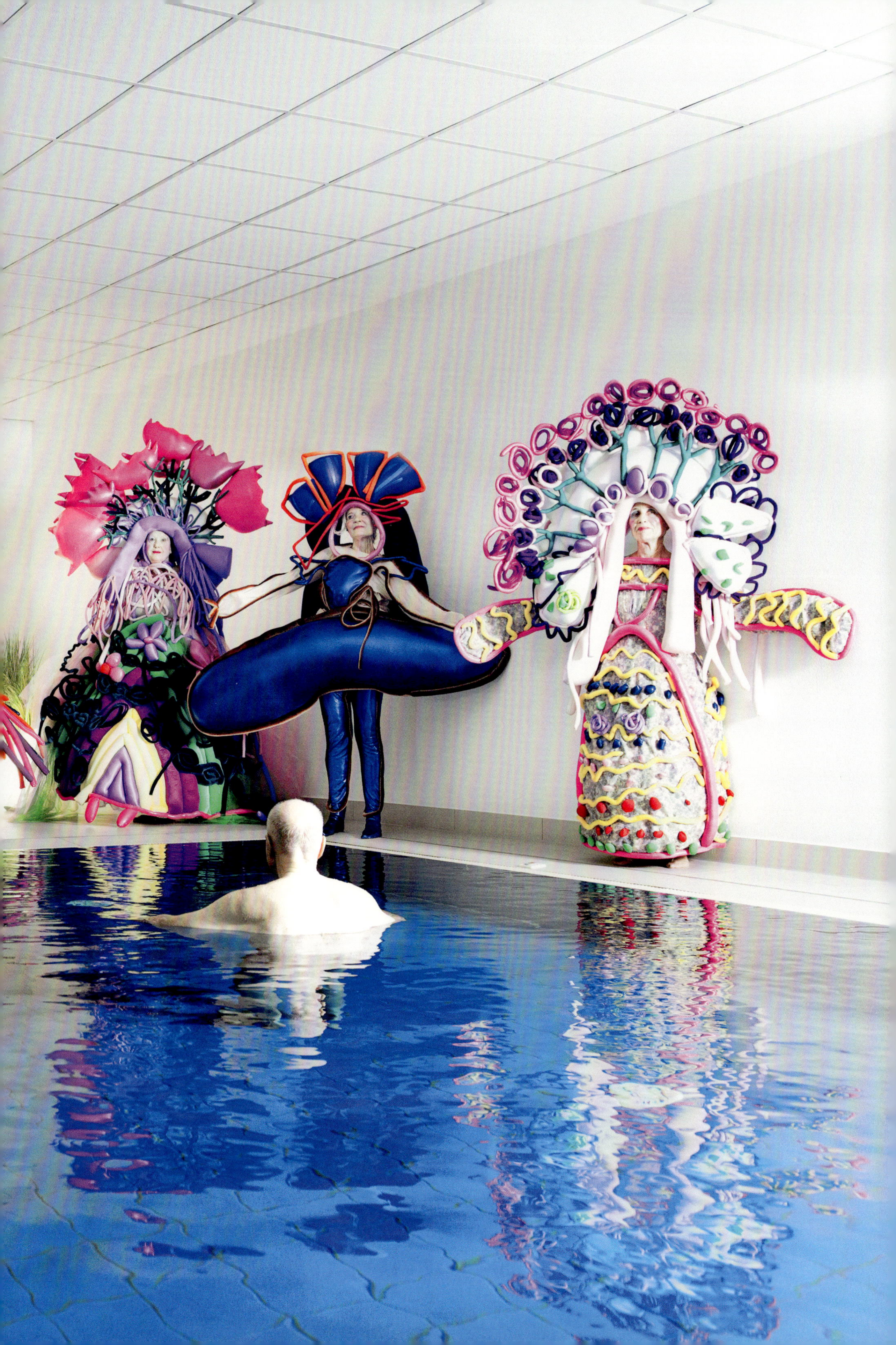

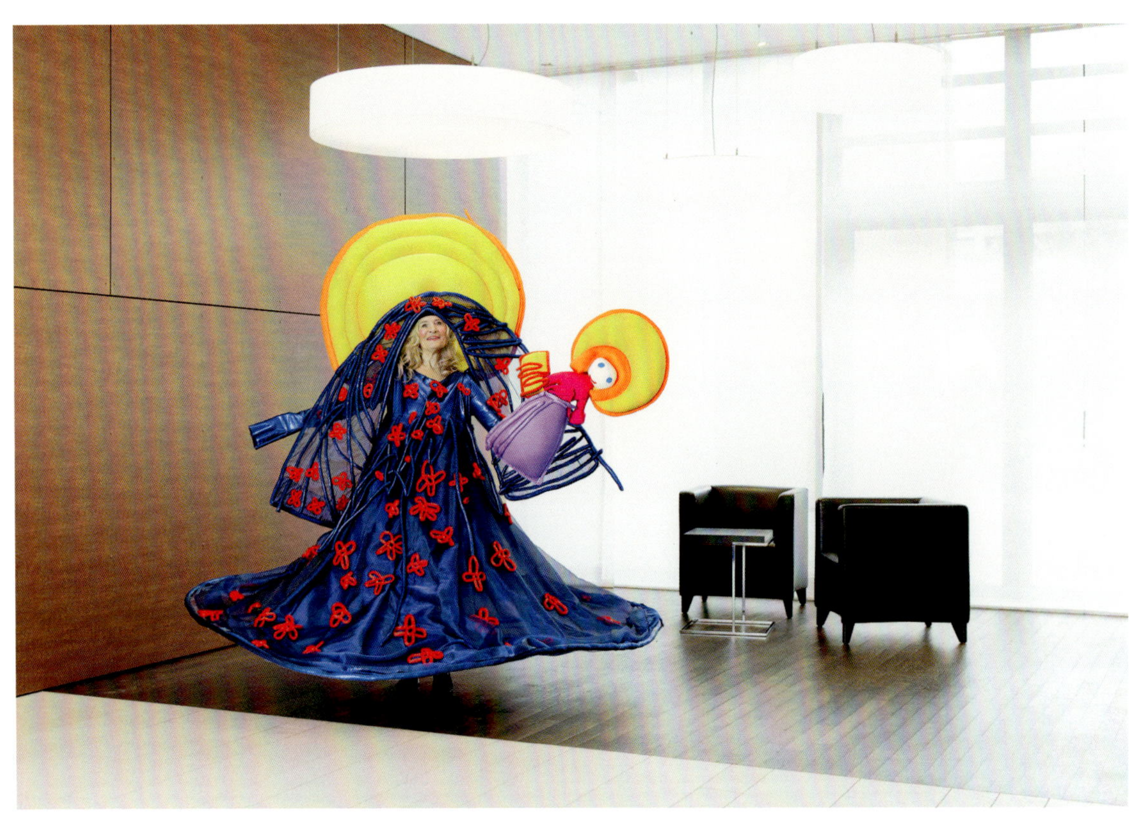

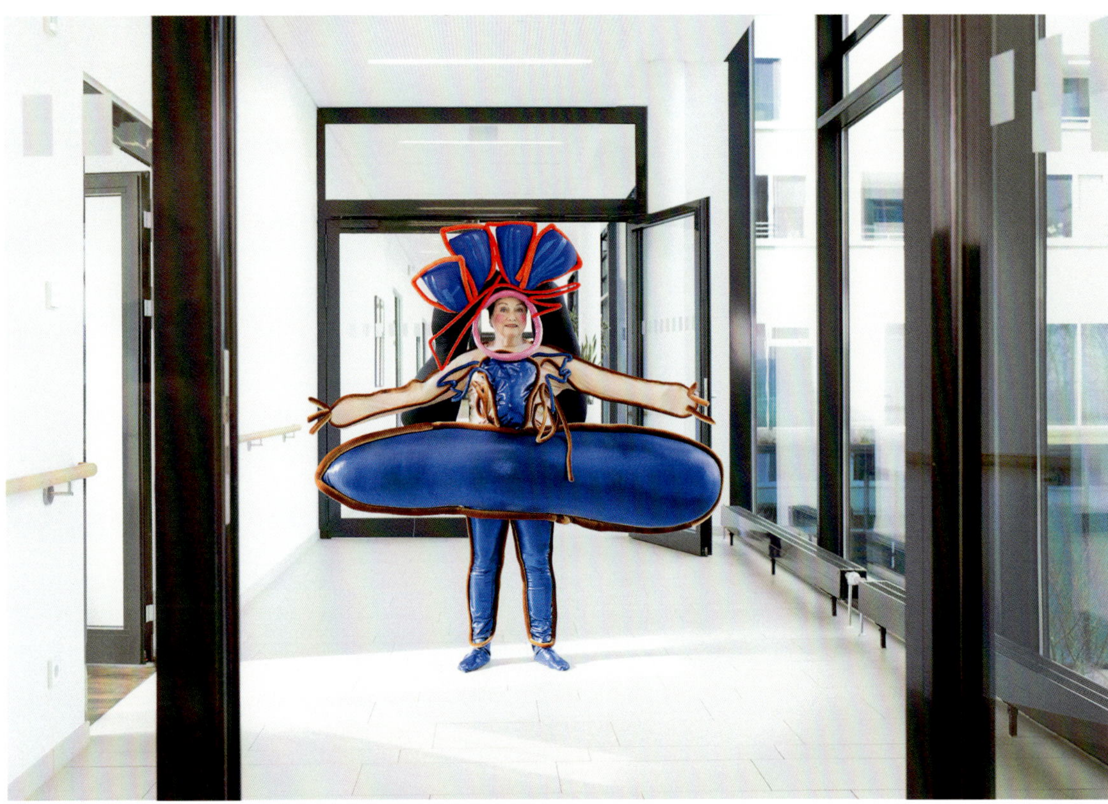

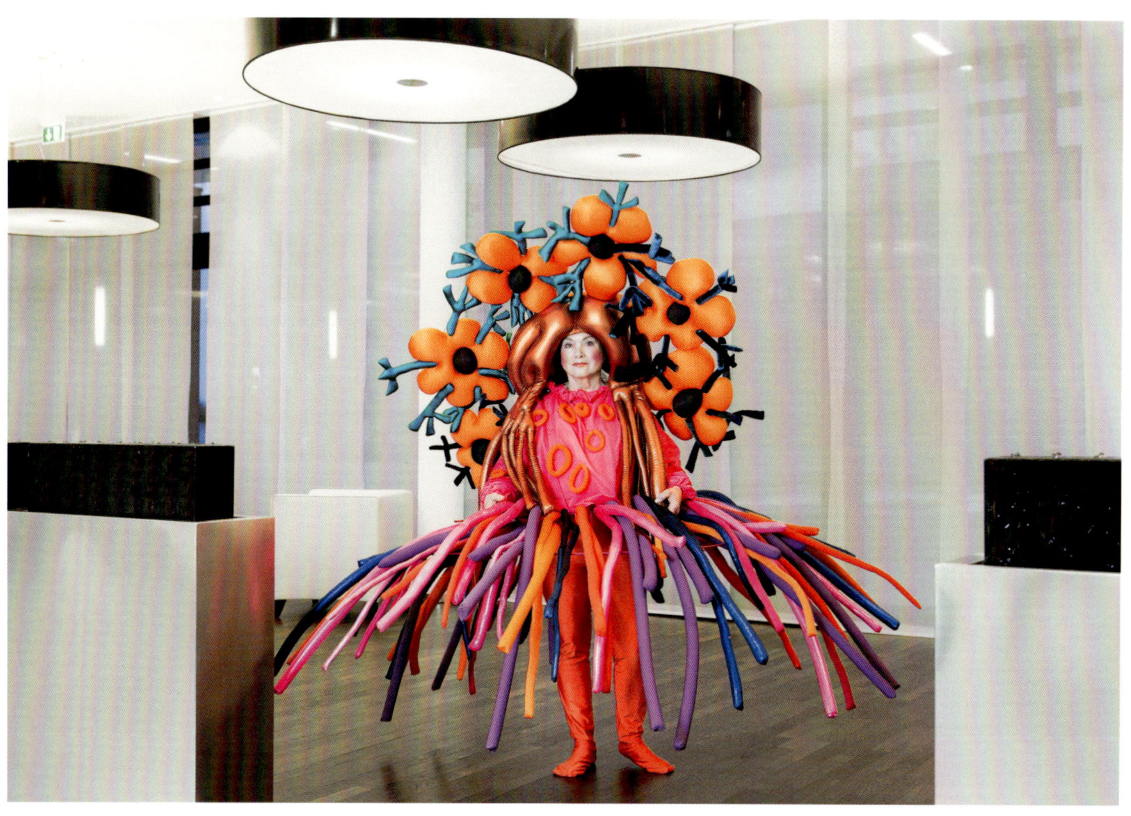

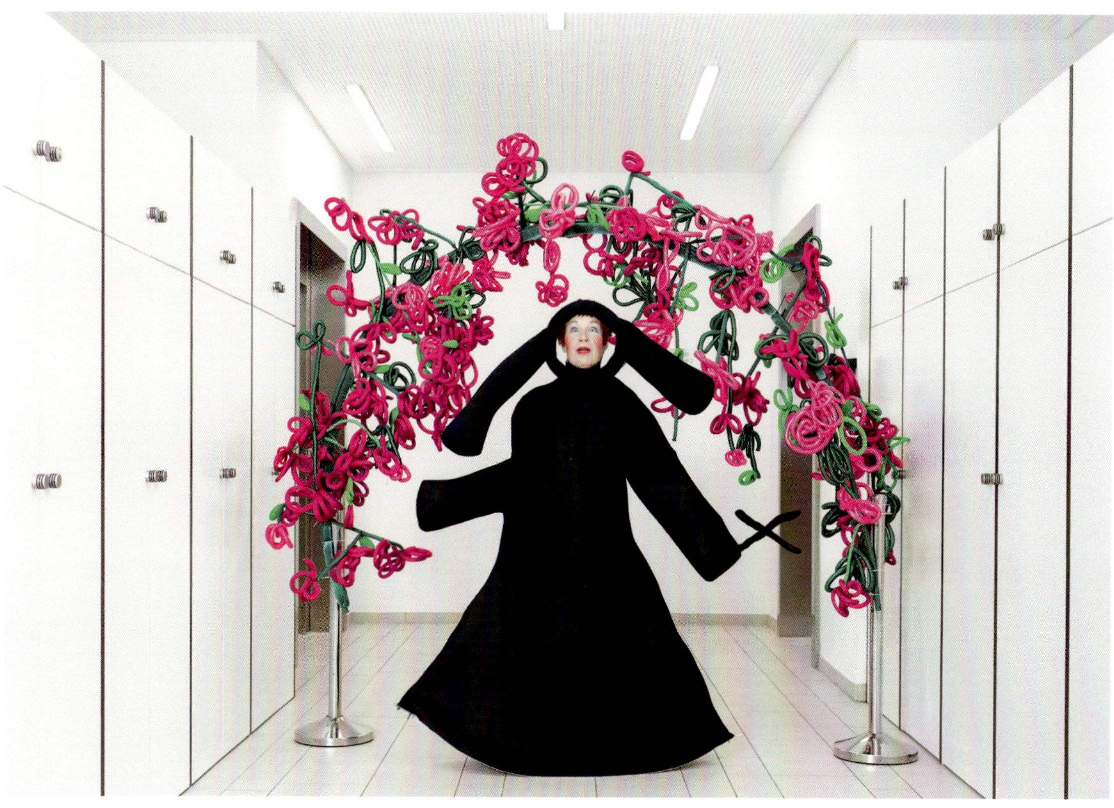

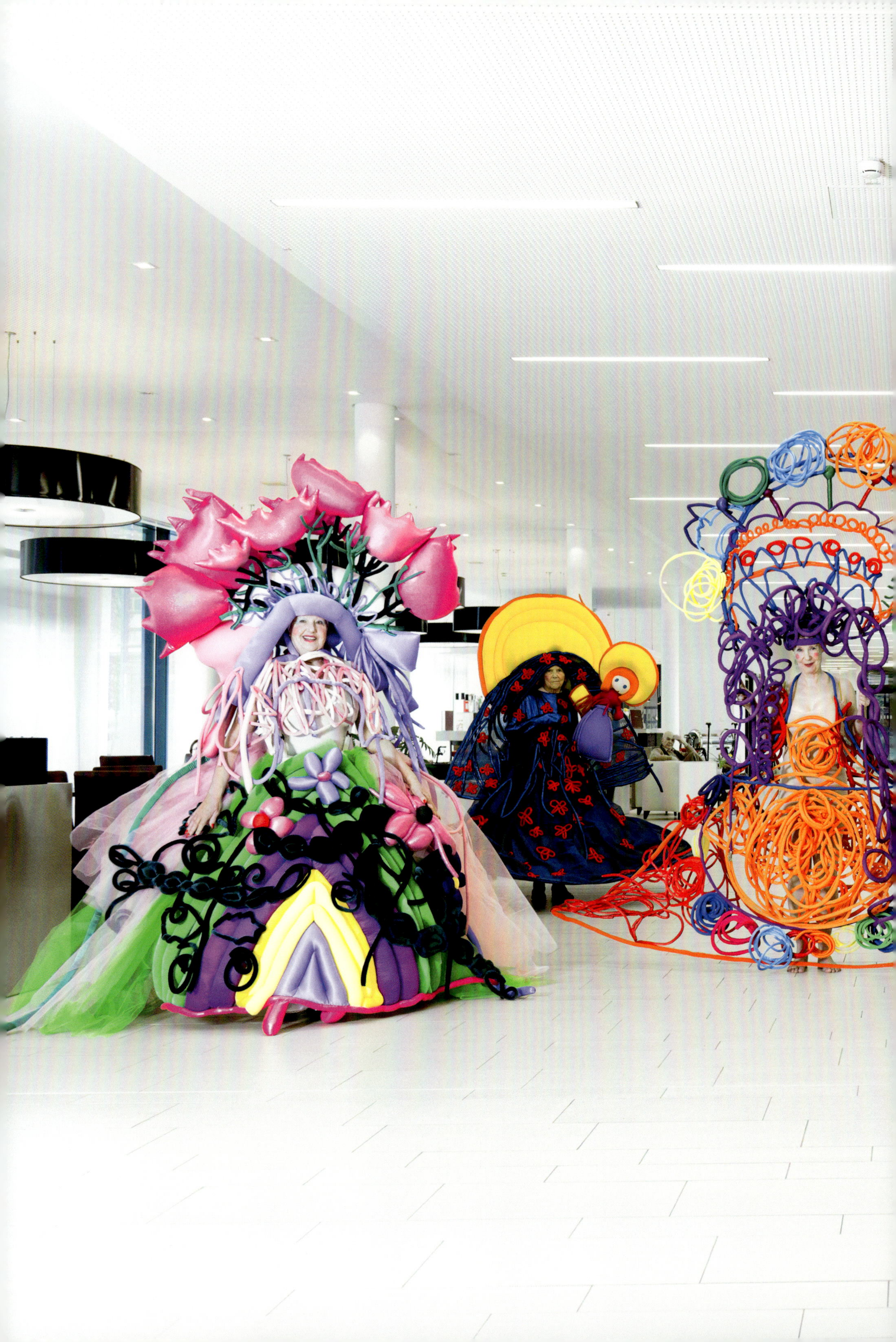

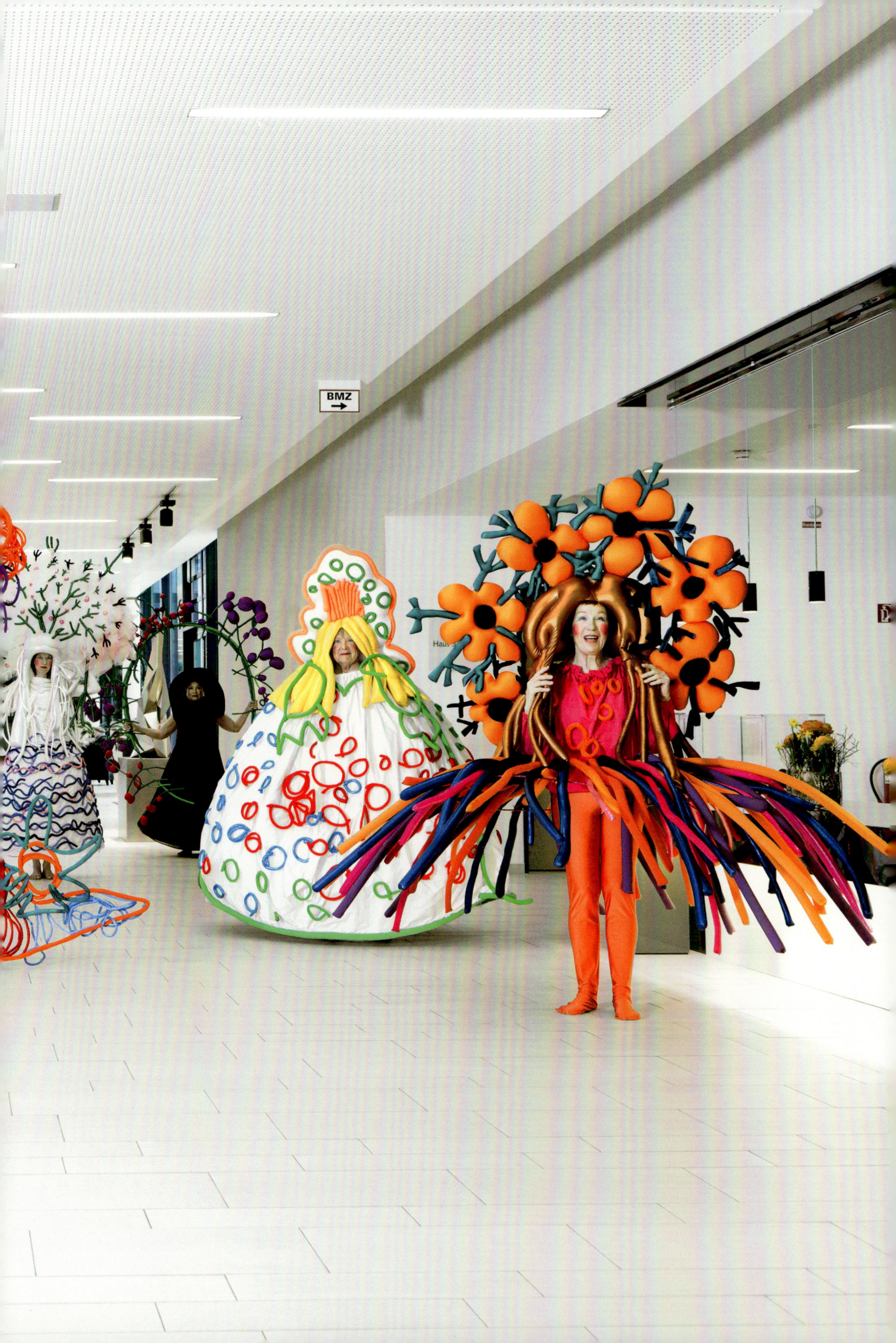
BMZ →

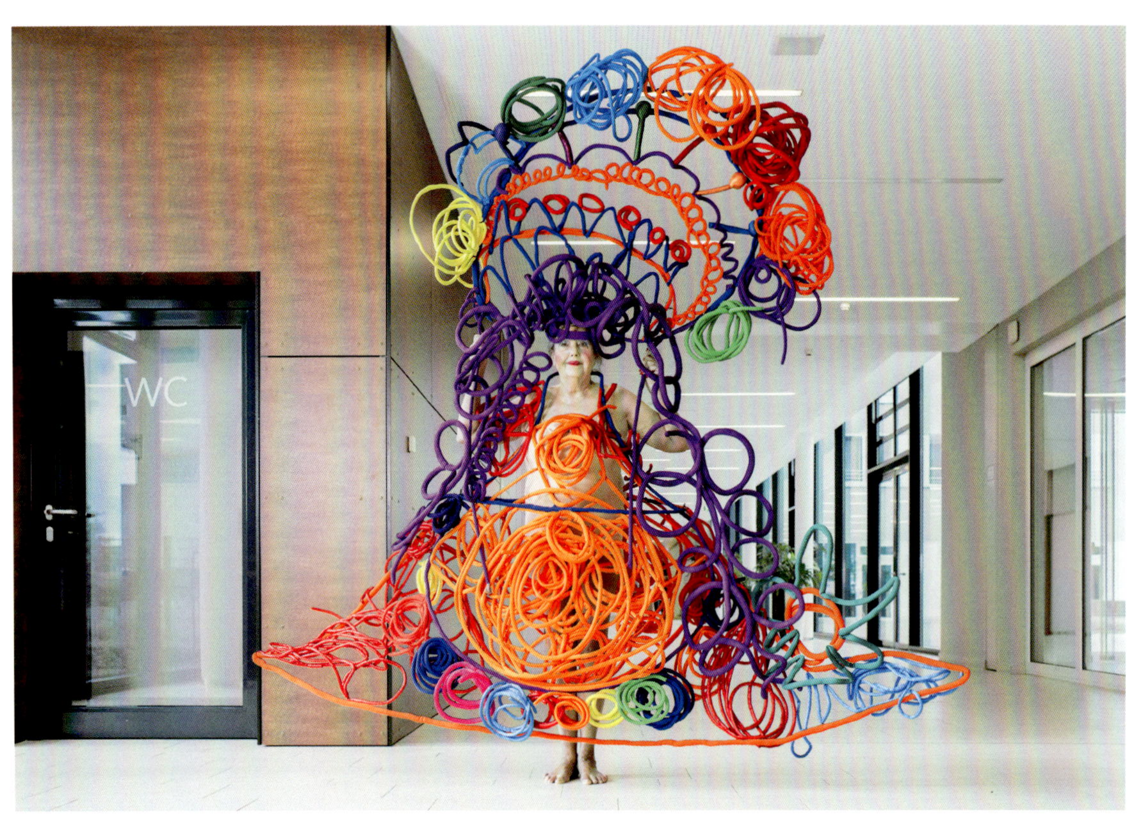
WC

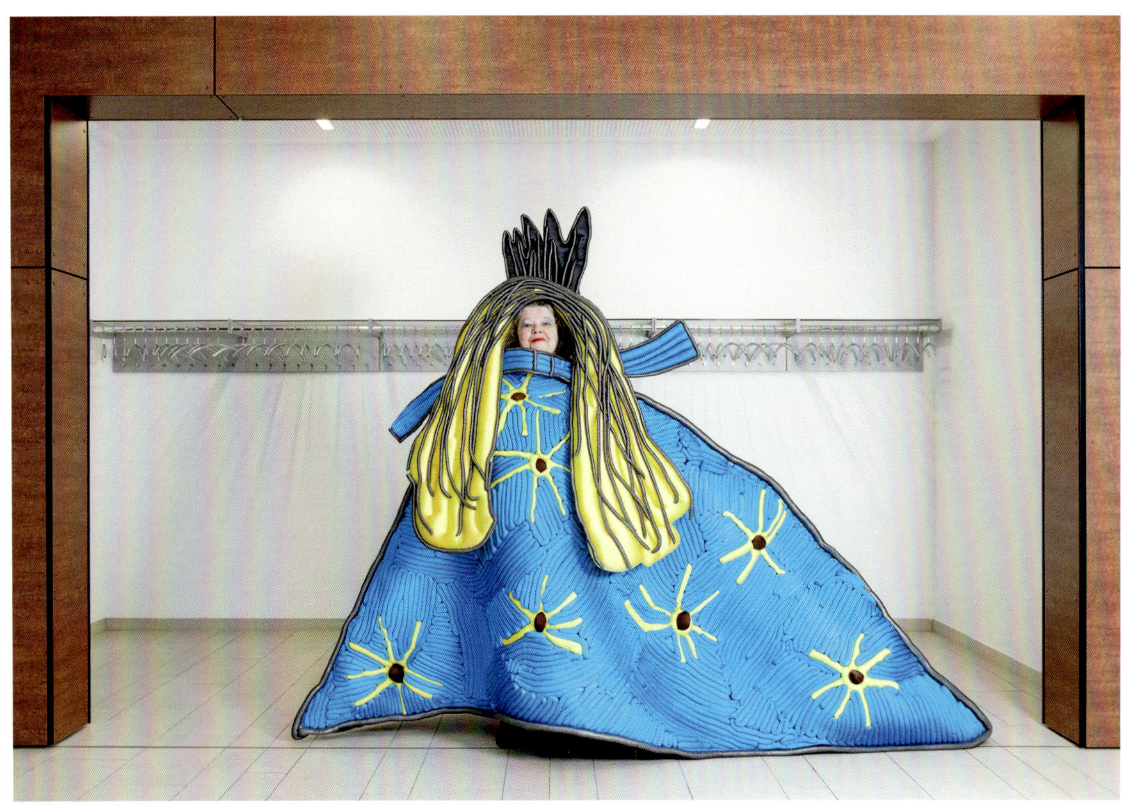

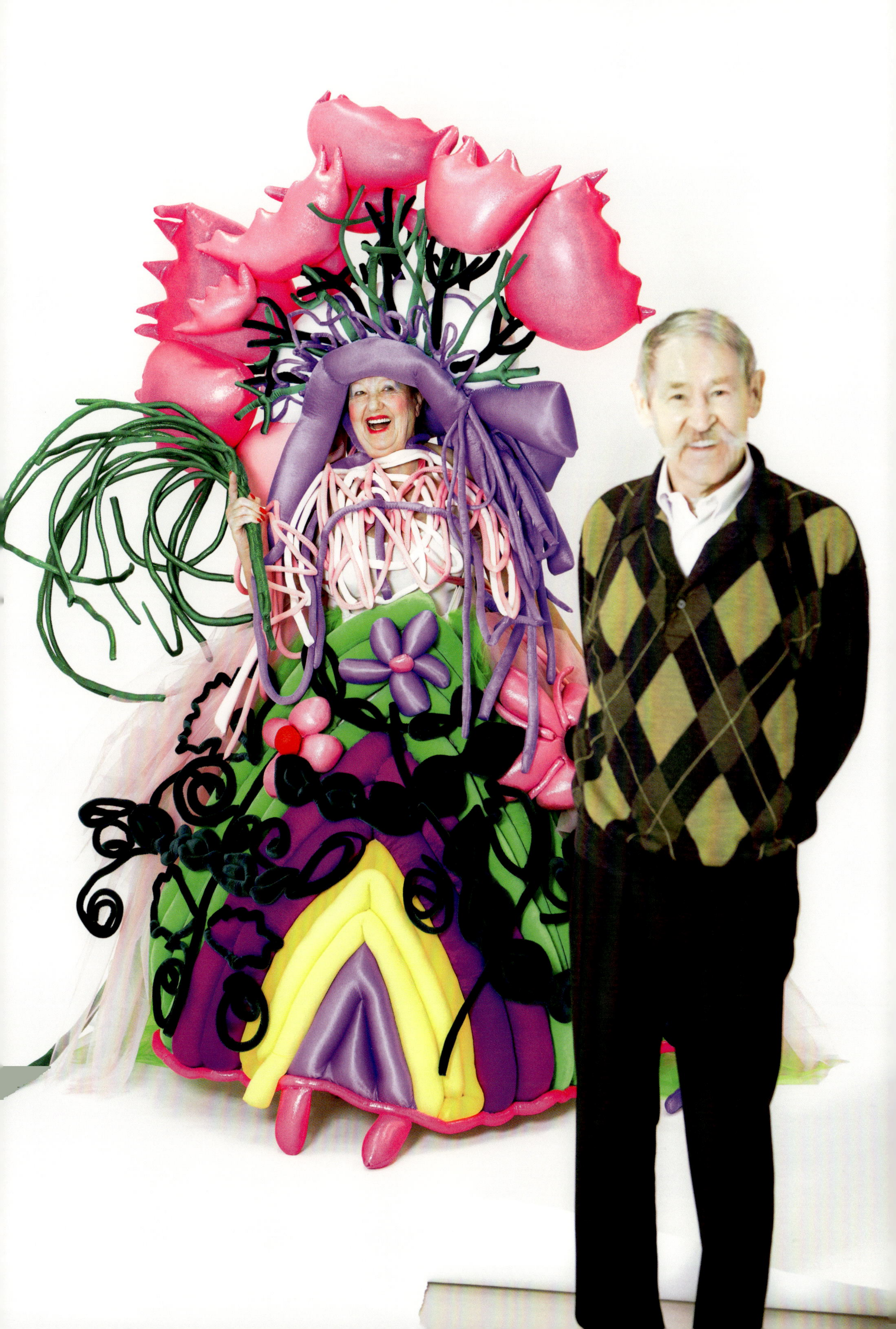

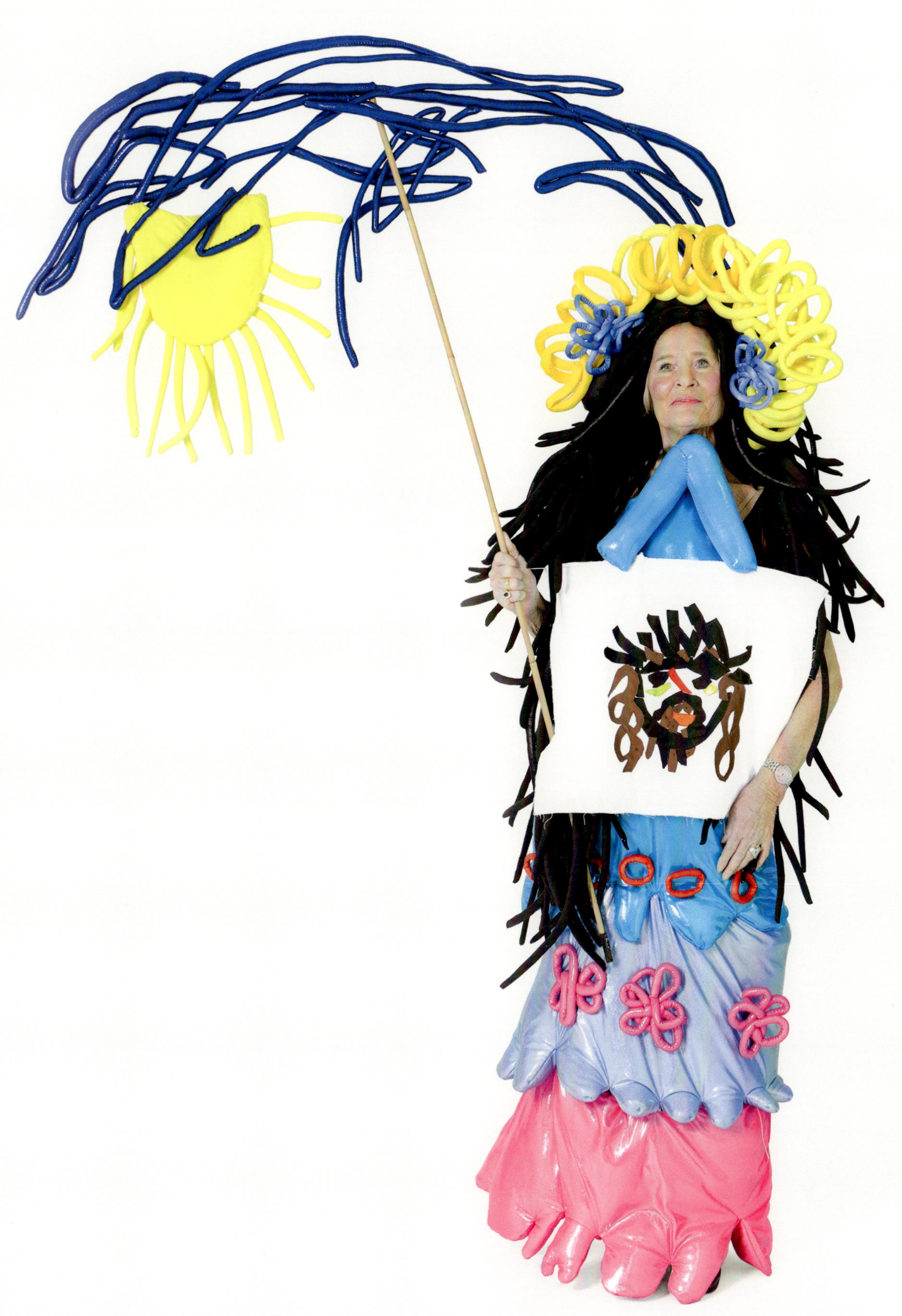

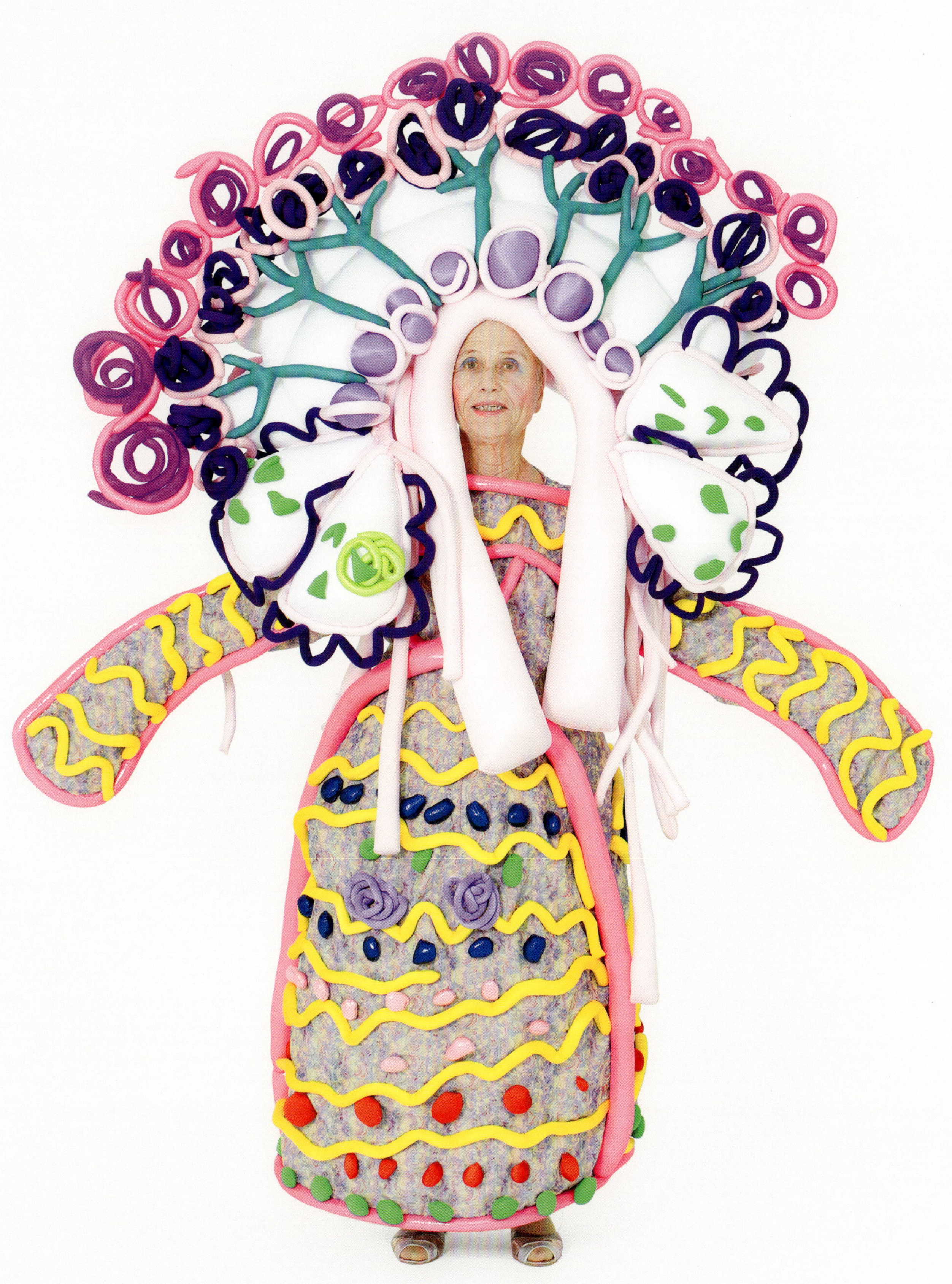

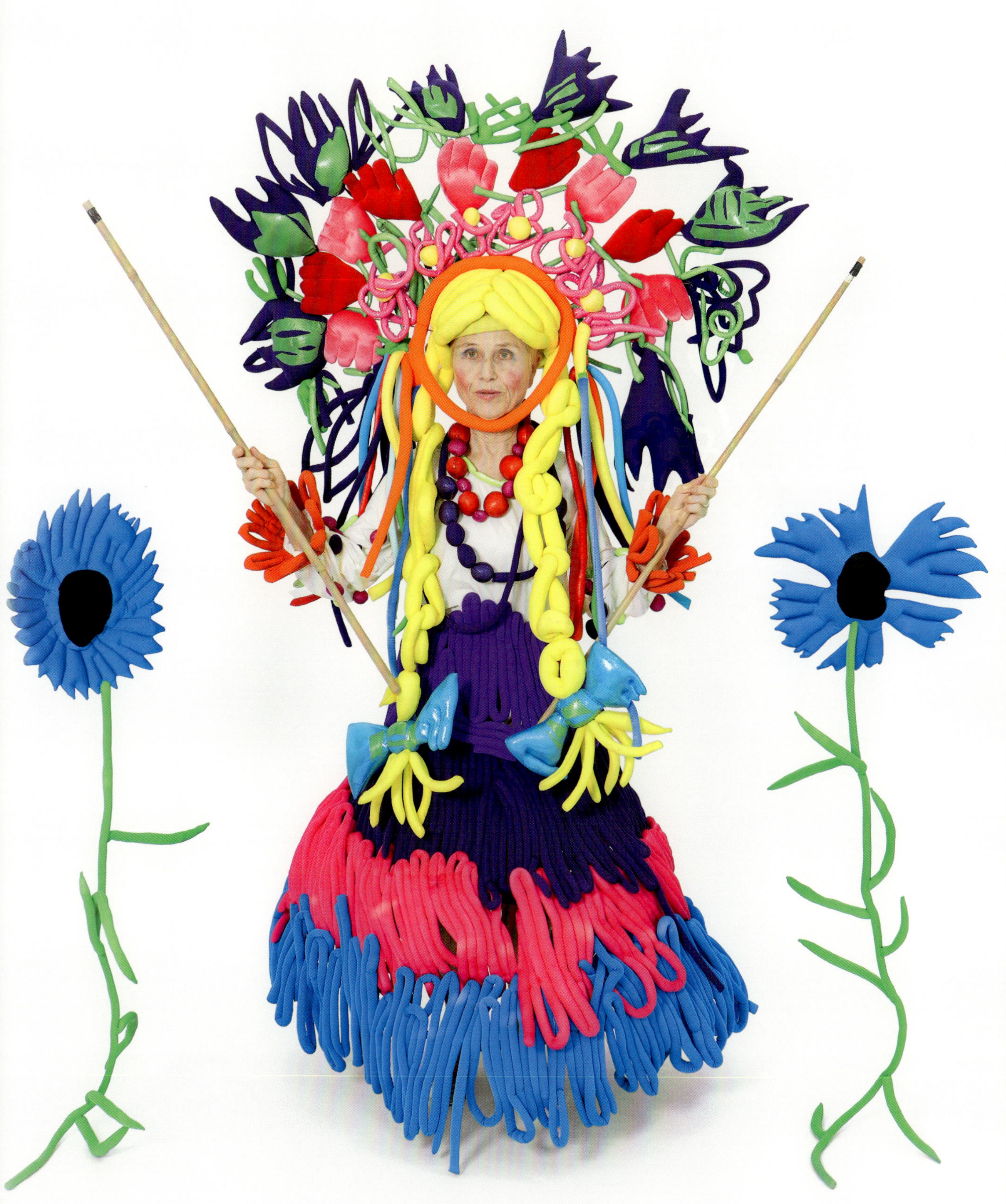

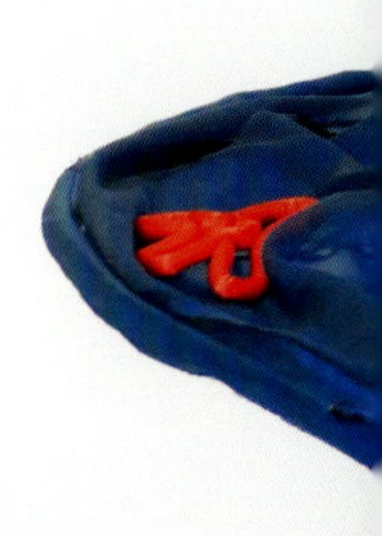

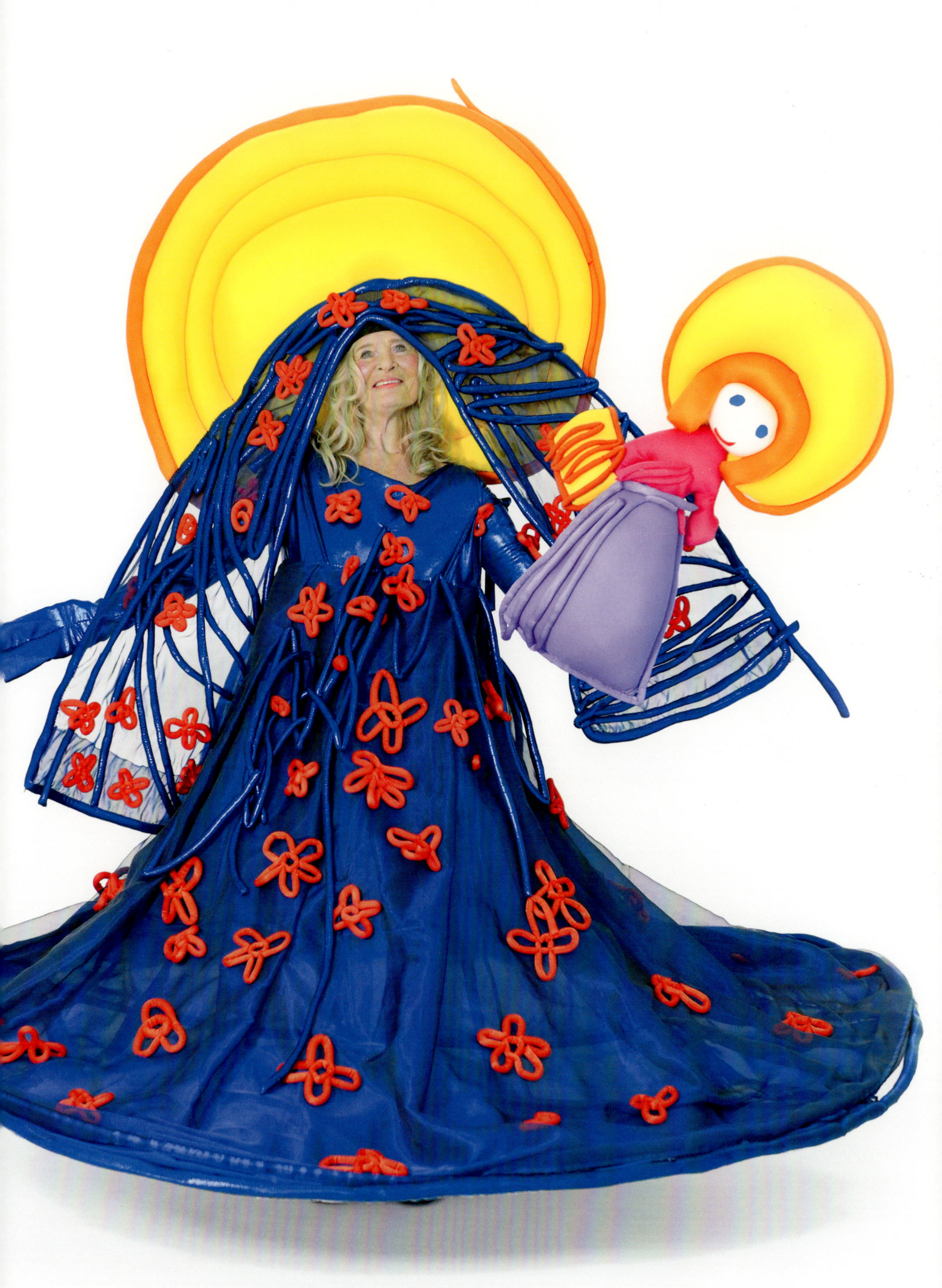

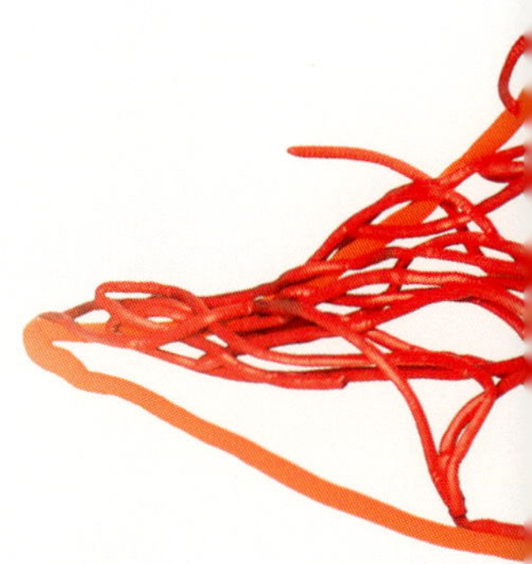

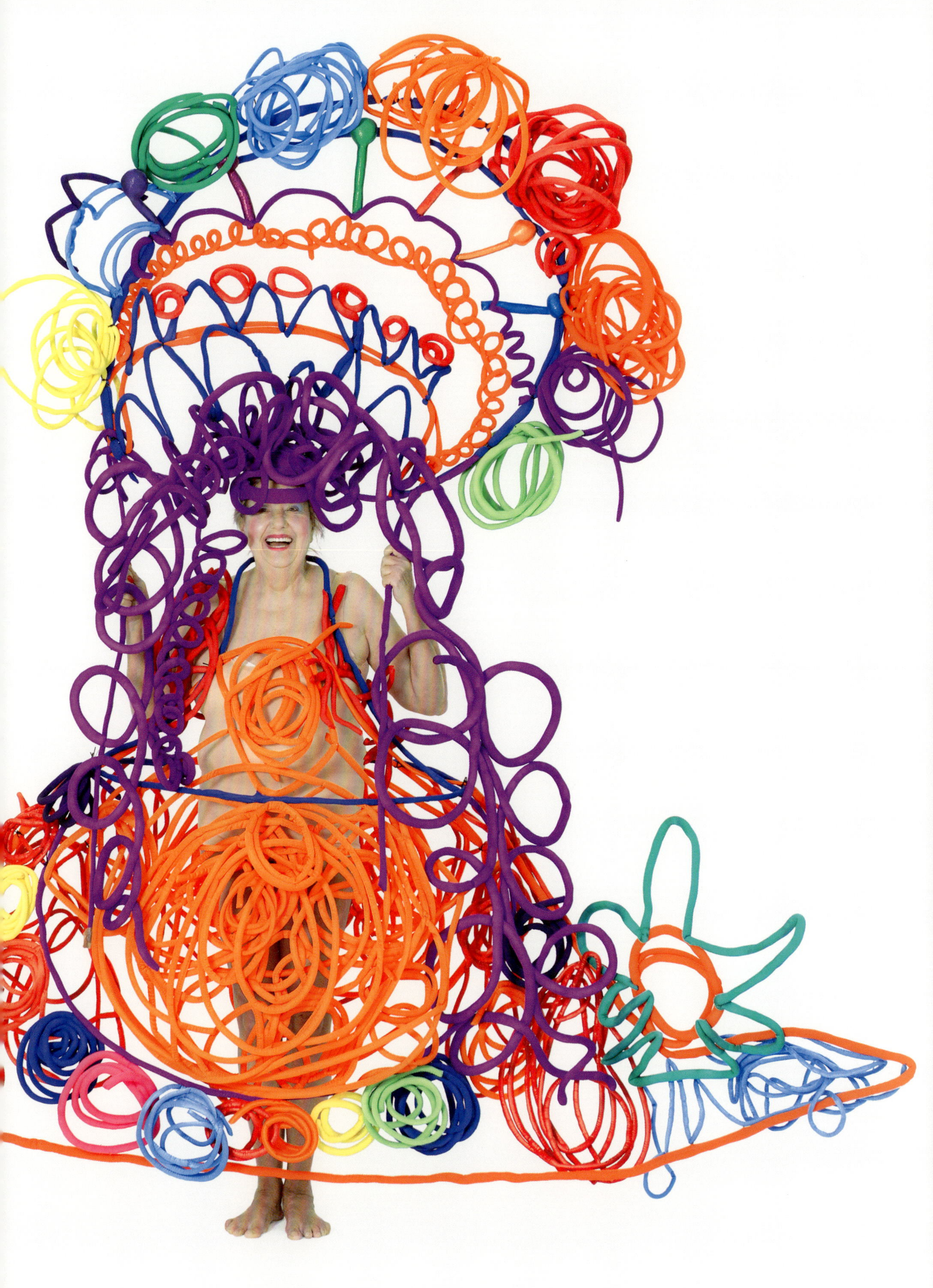

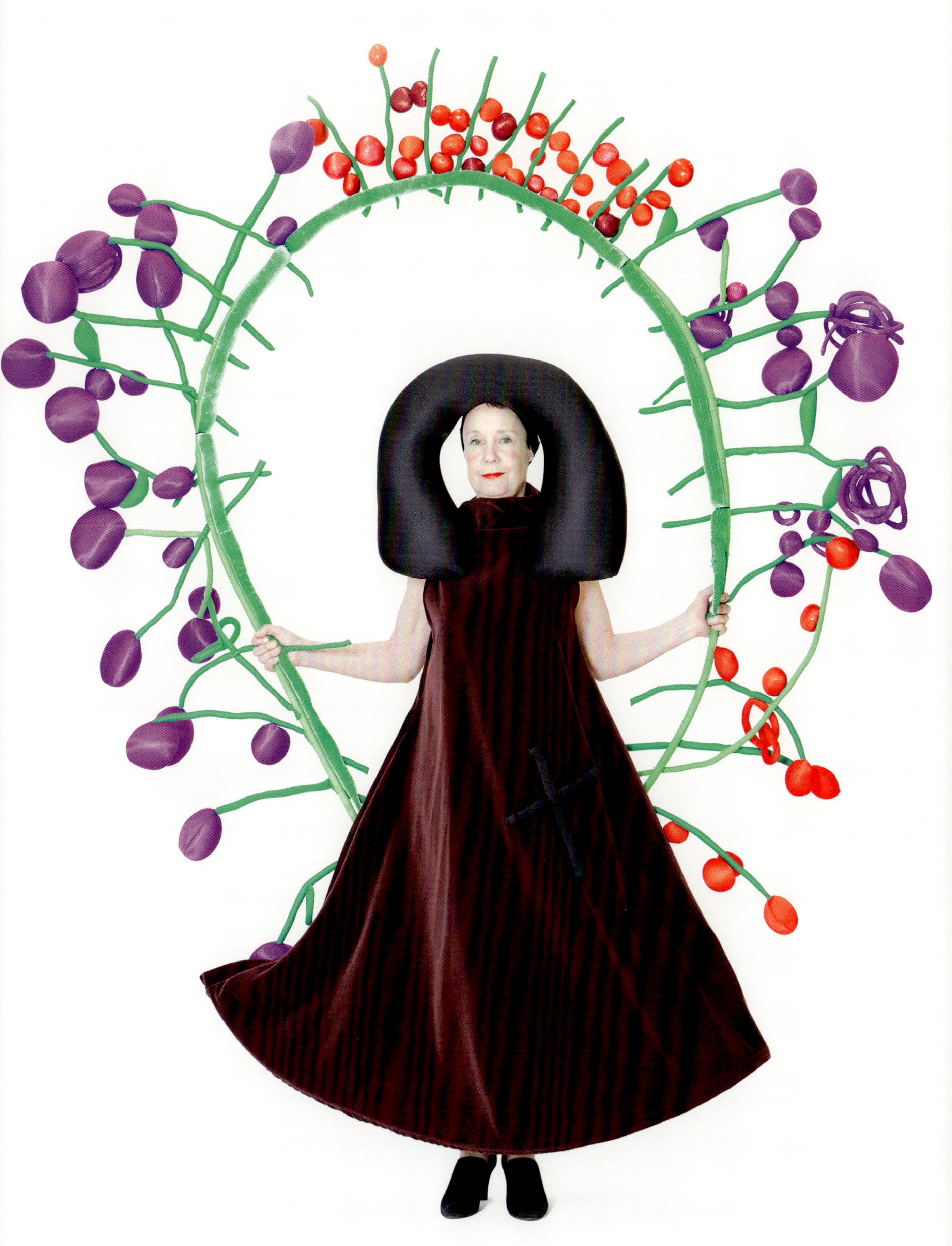

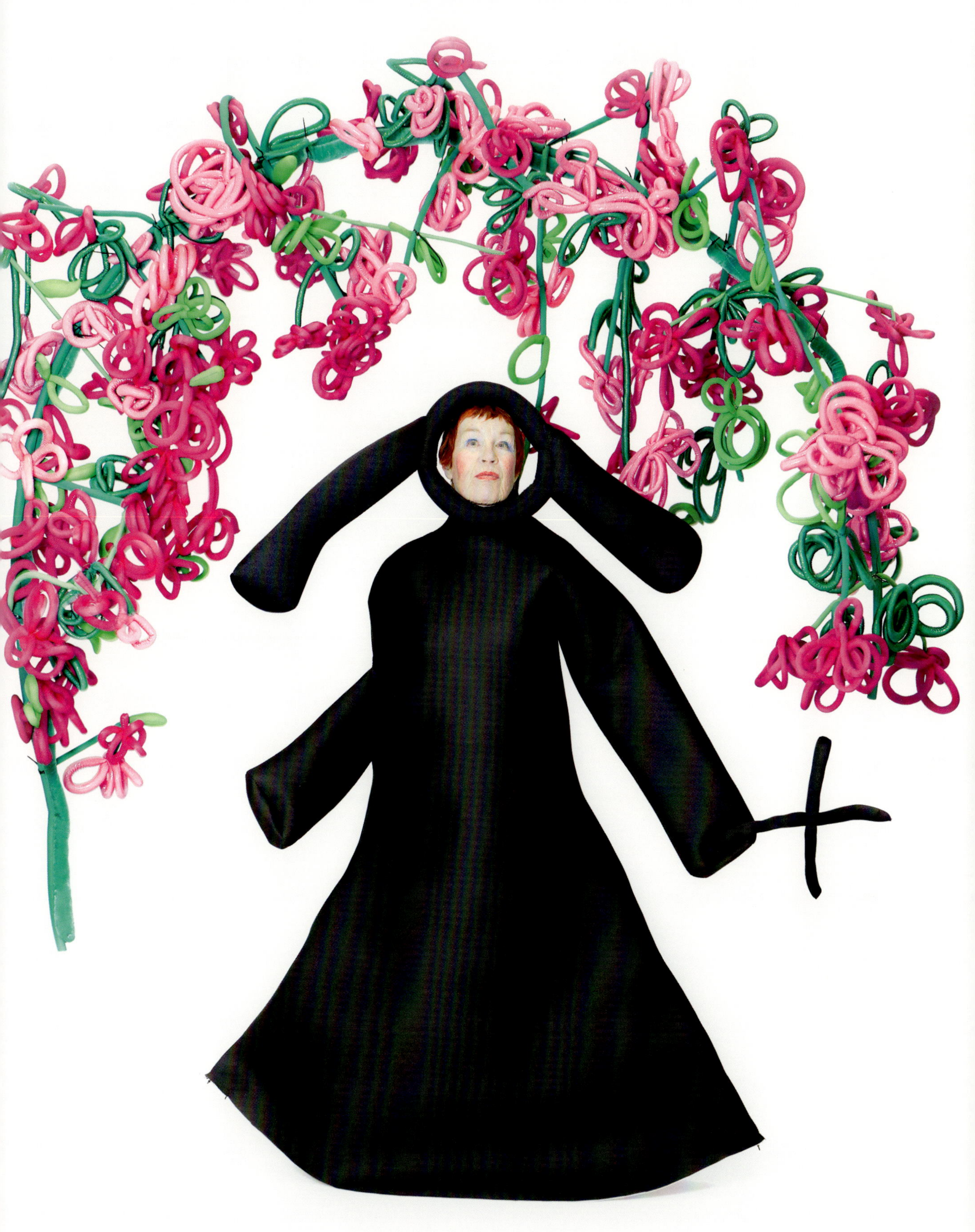

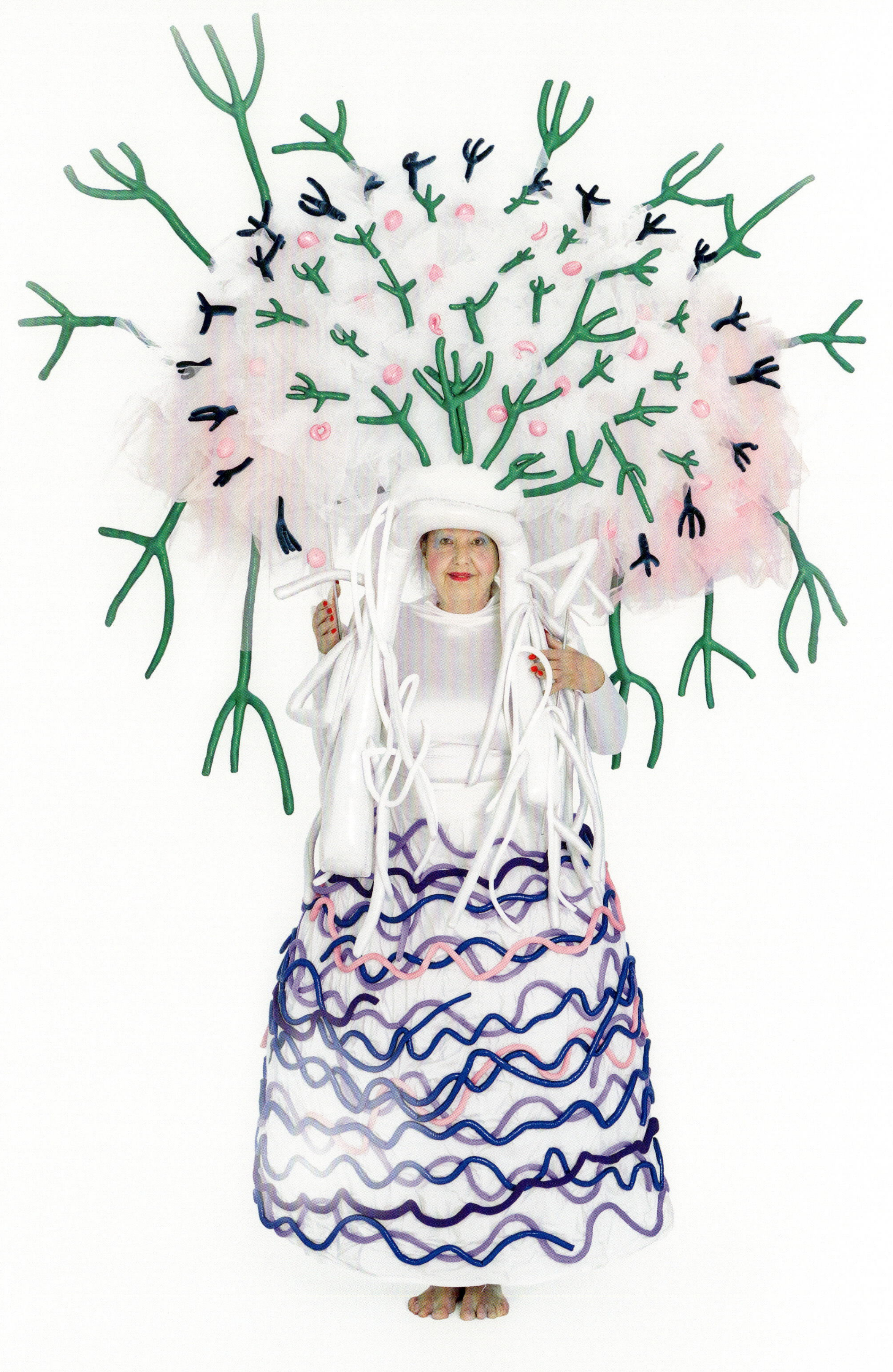

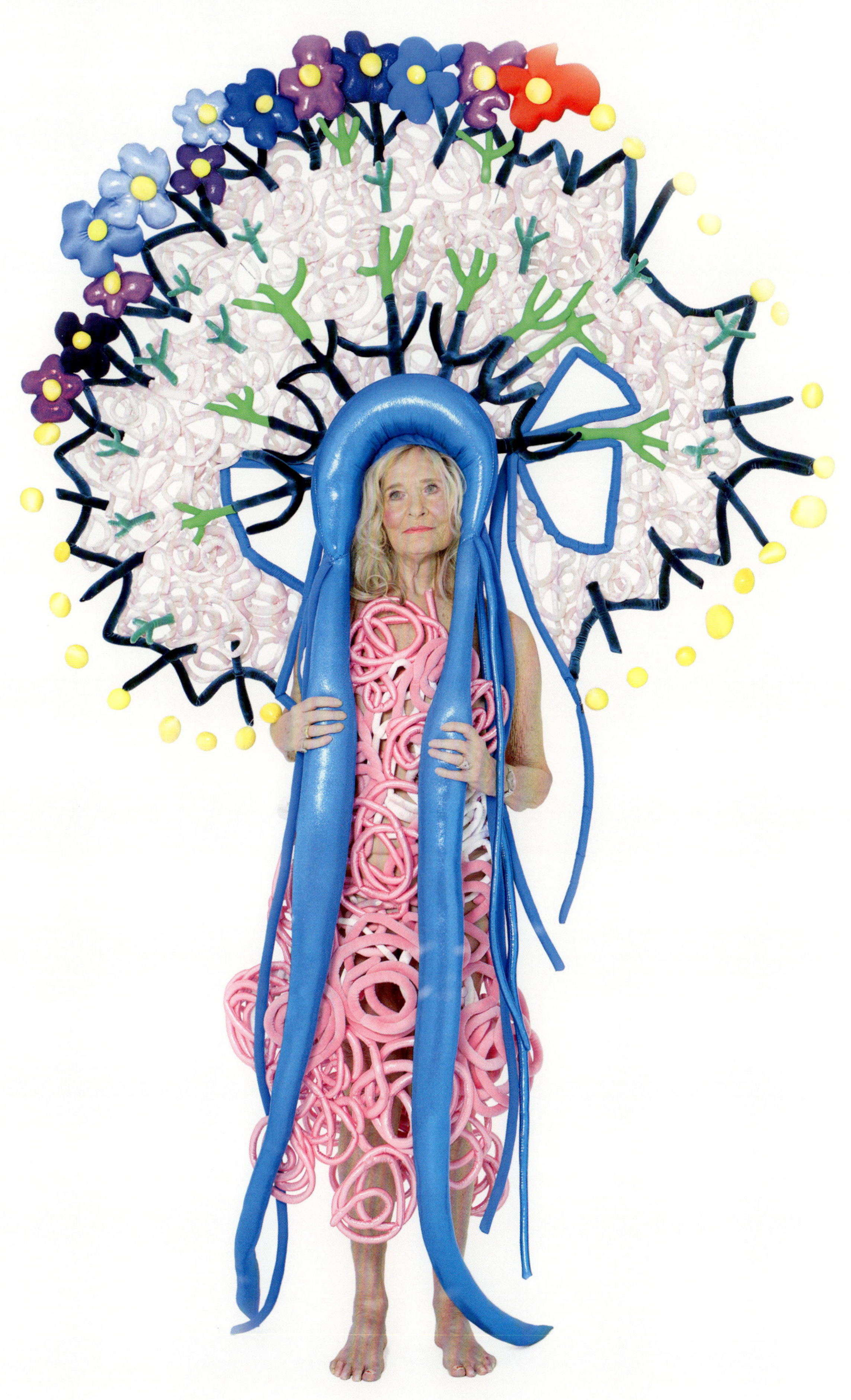

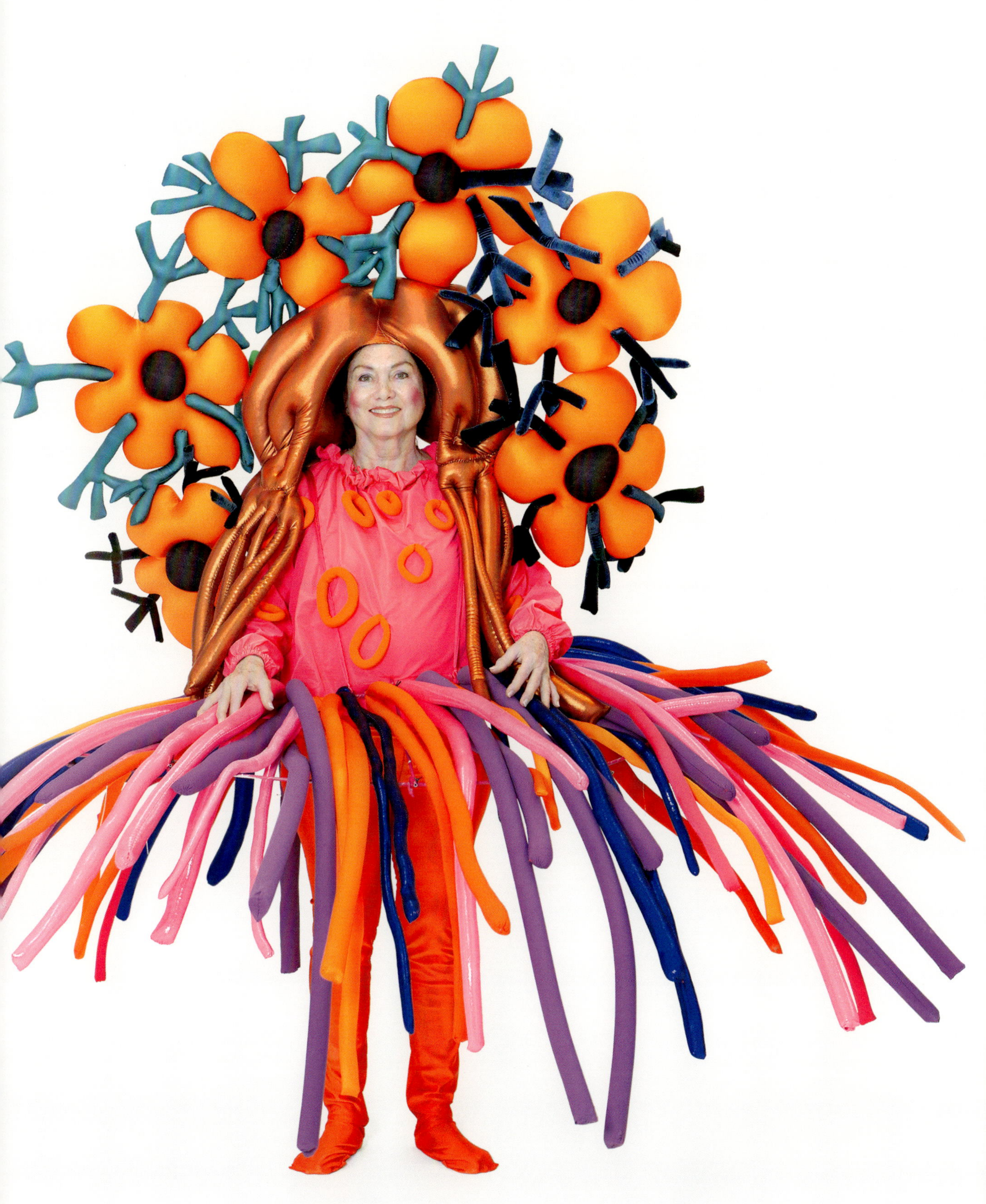

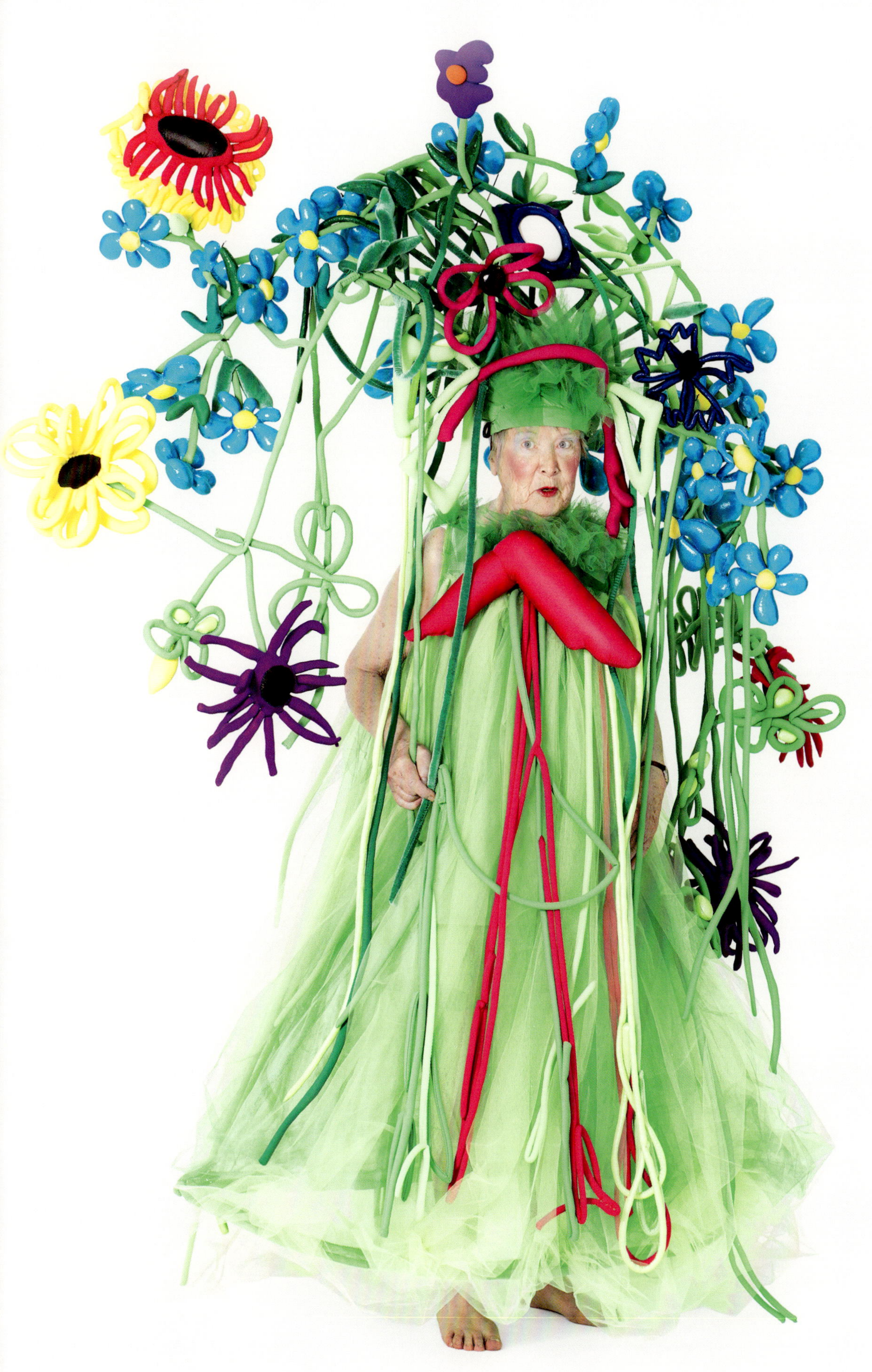

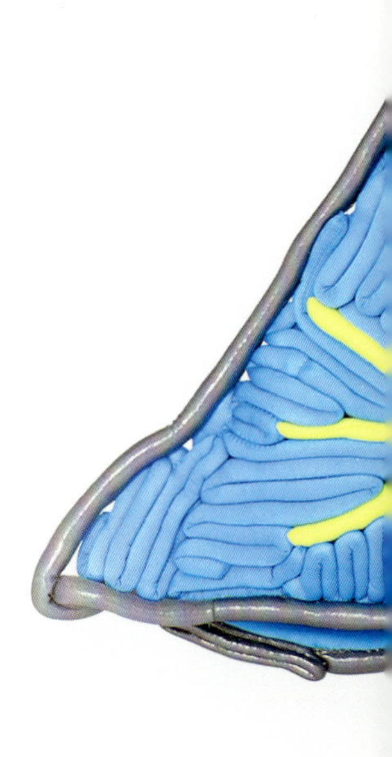

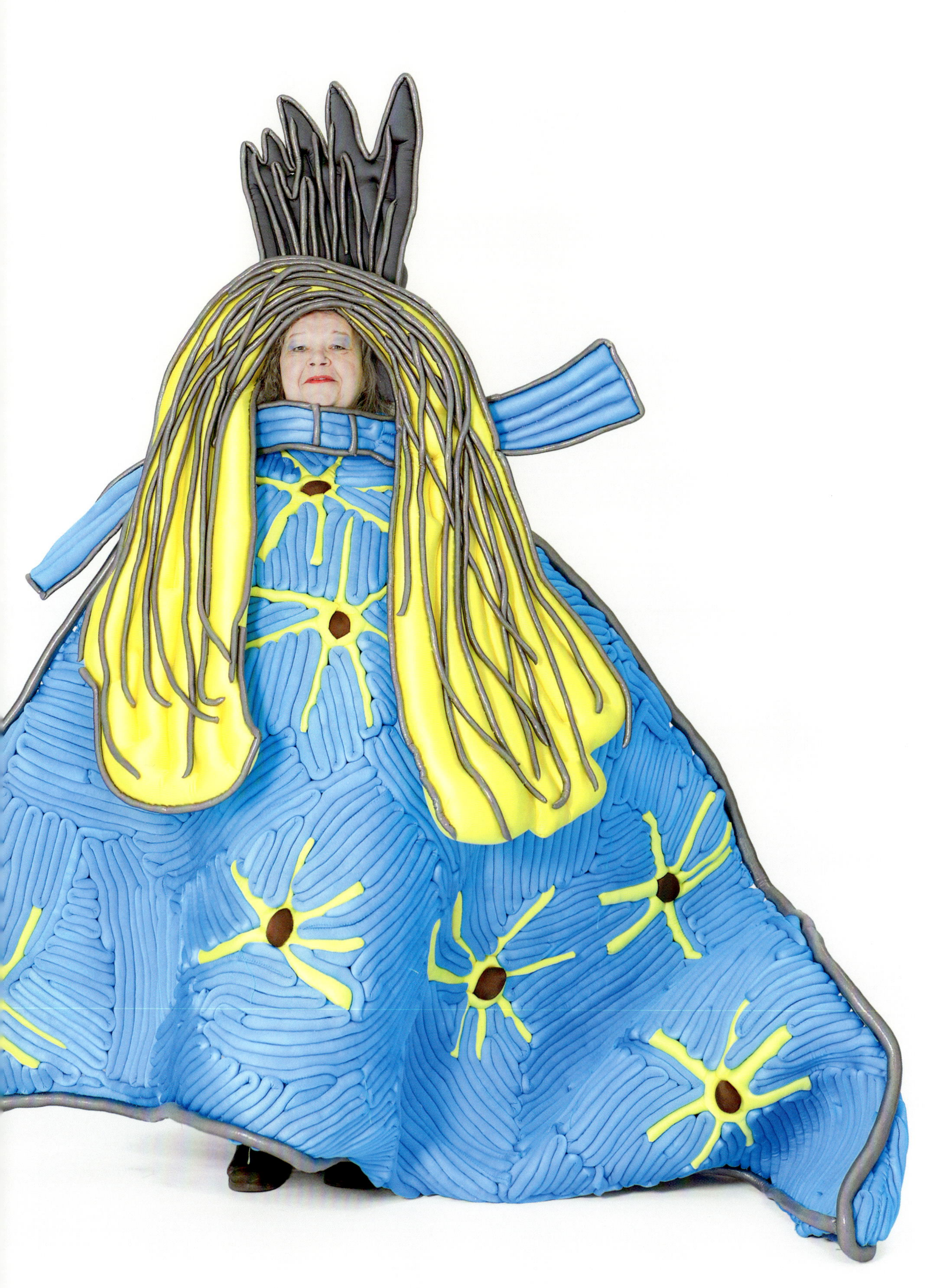

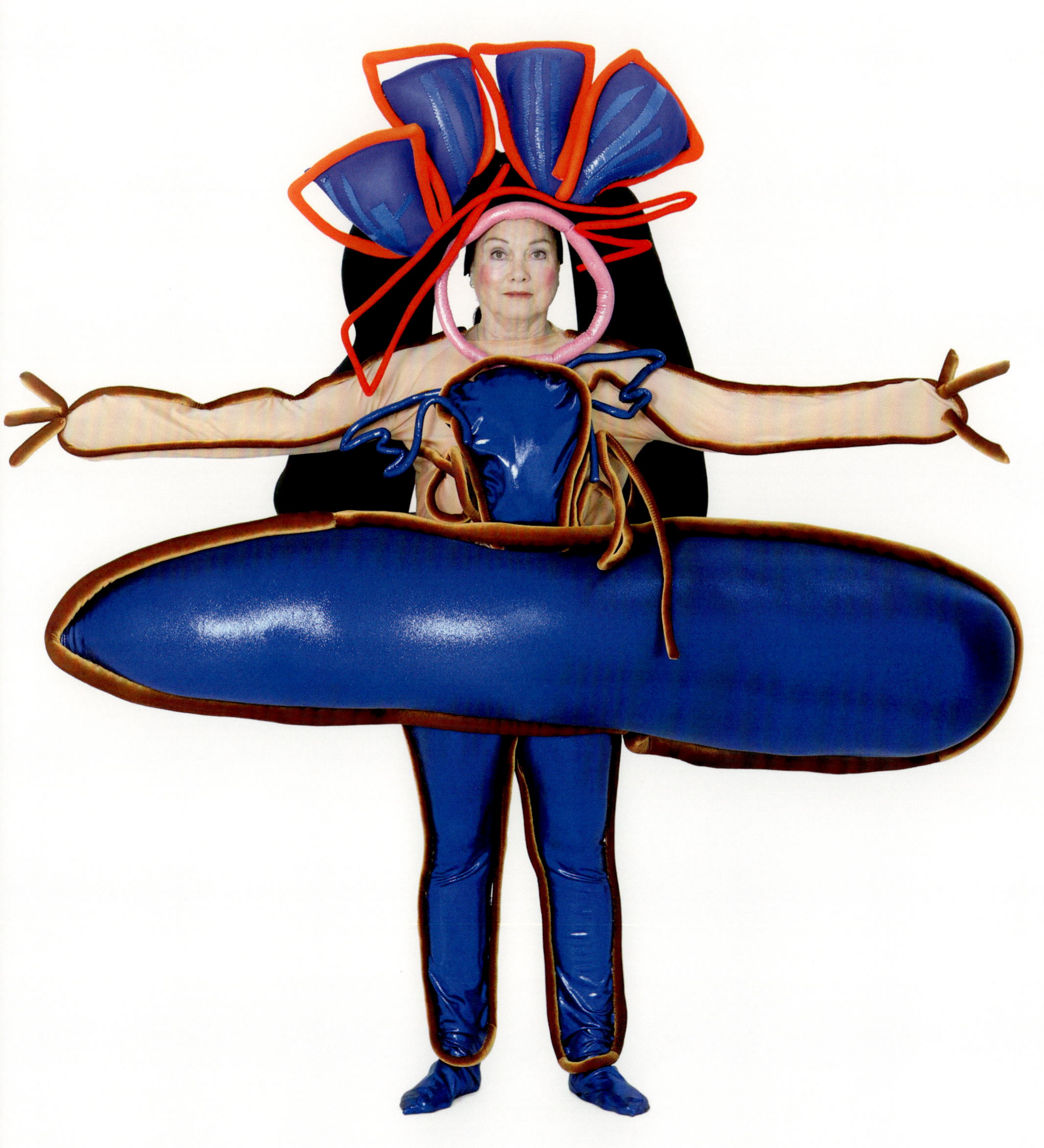

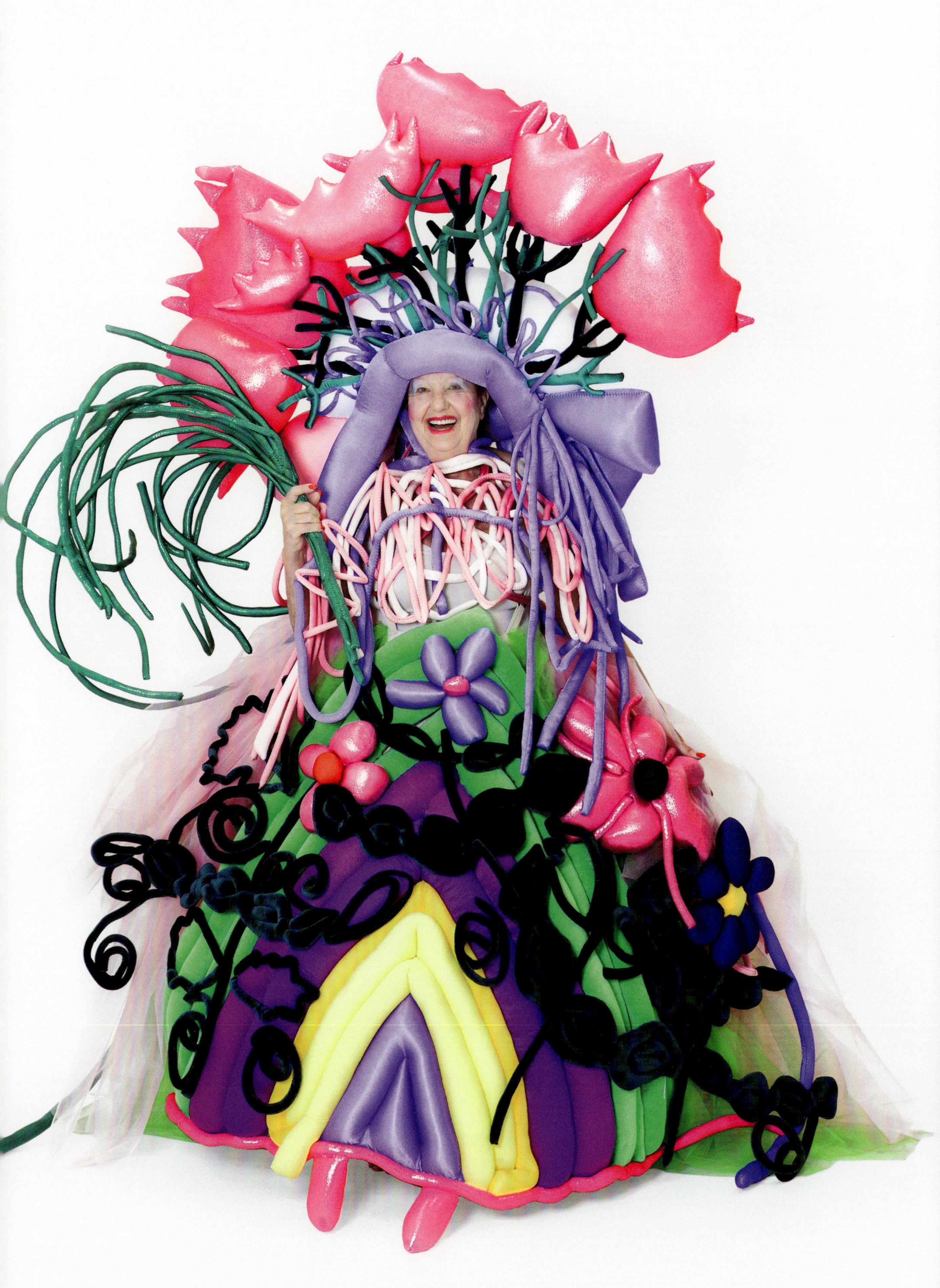

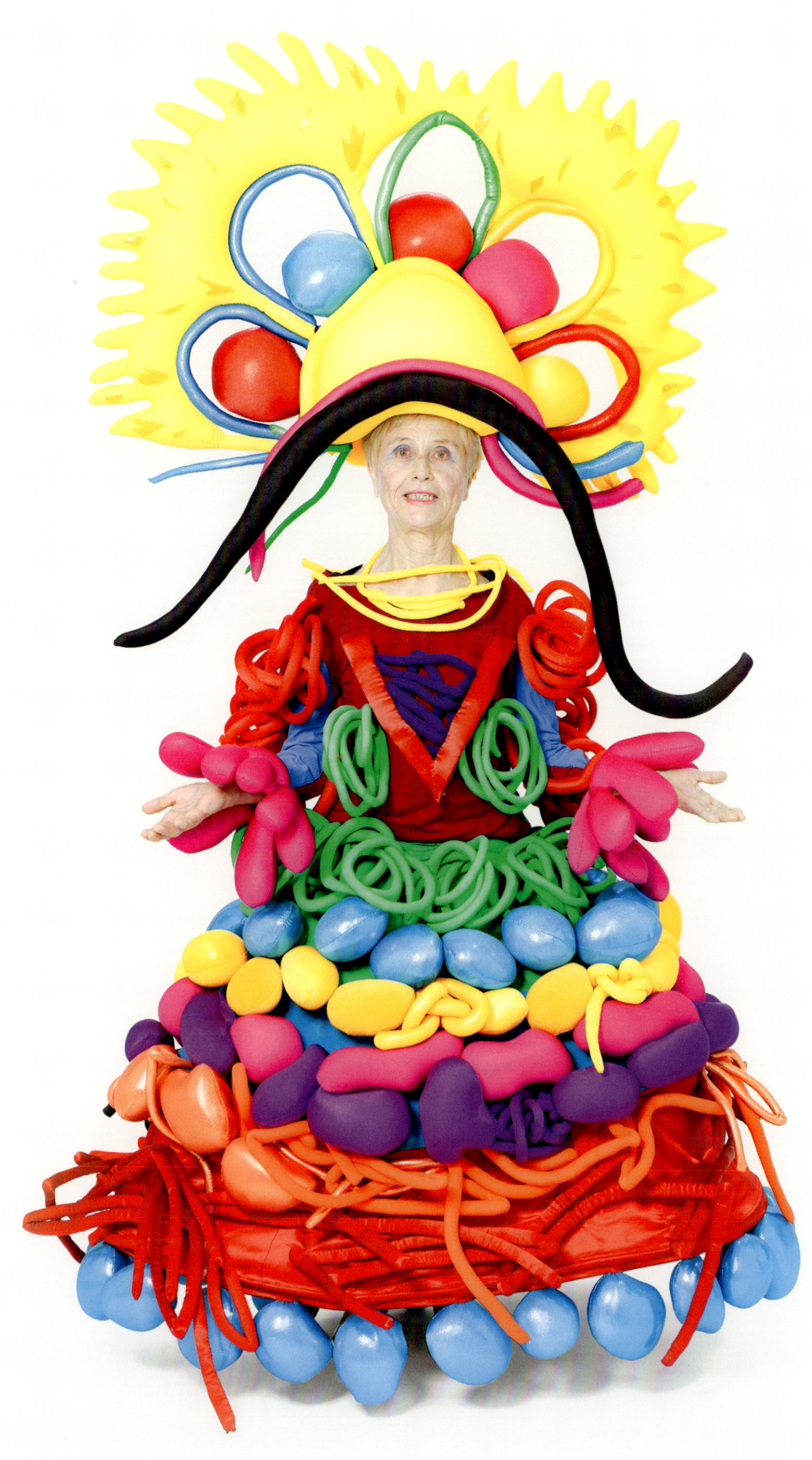

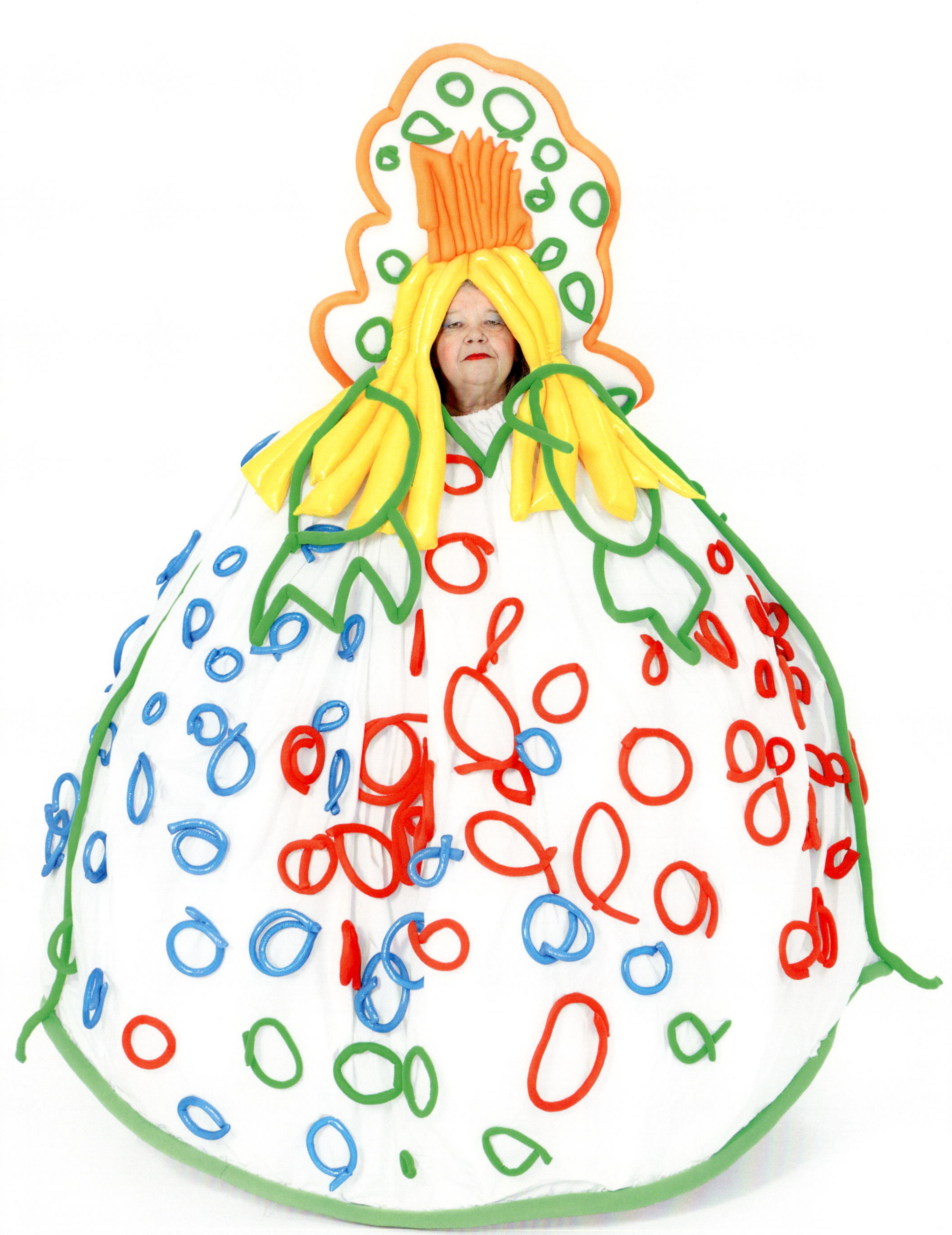

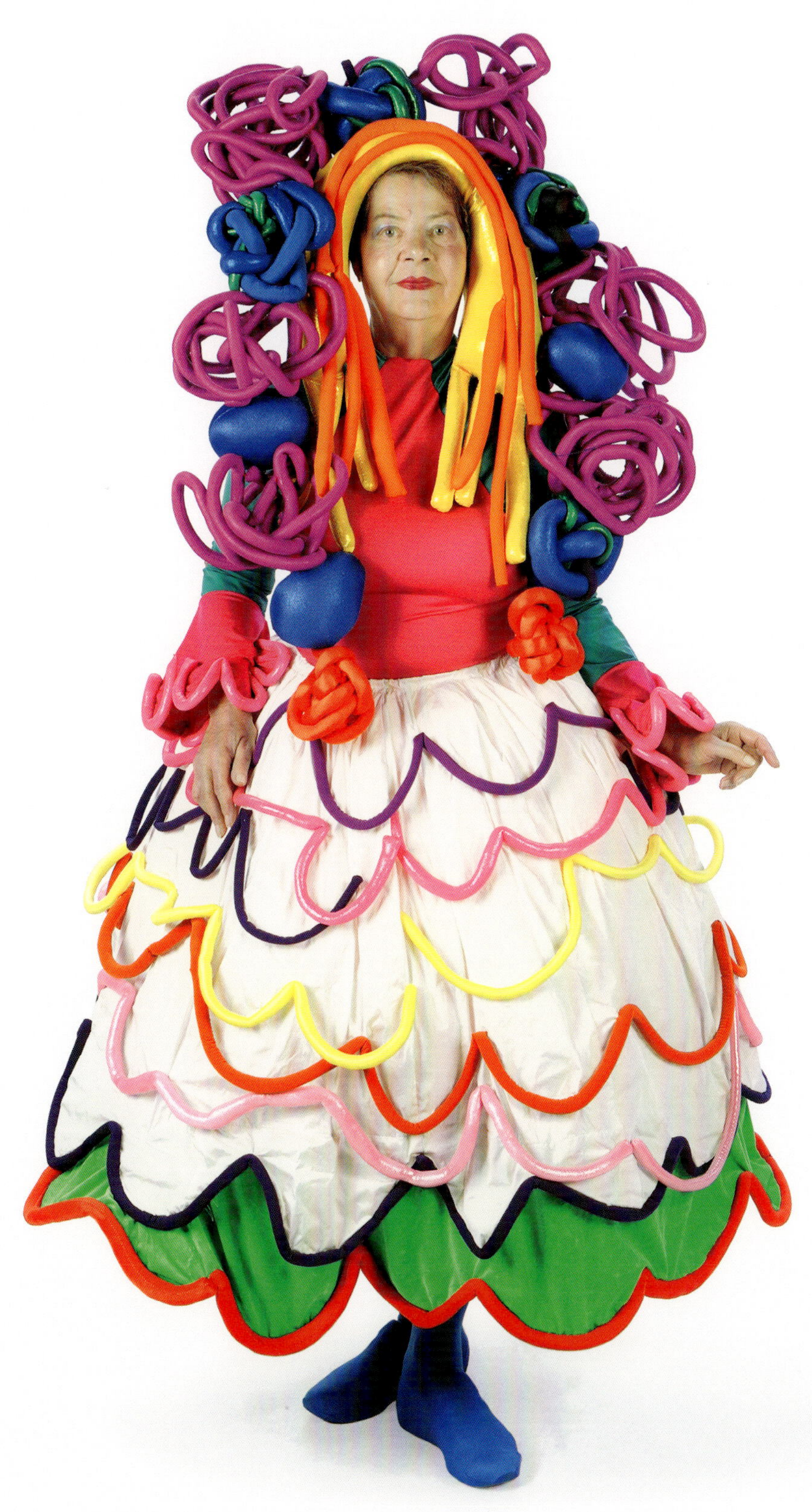

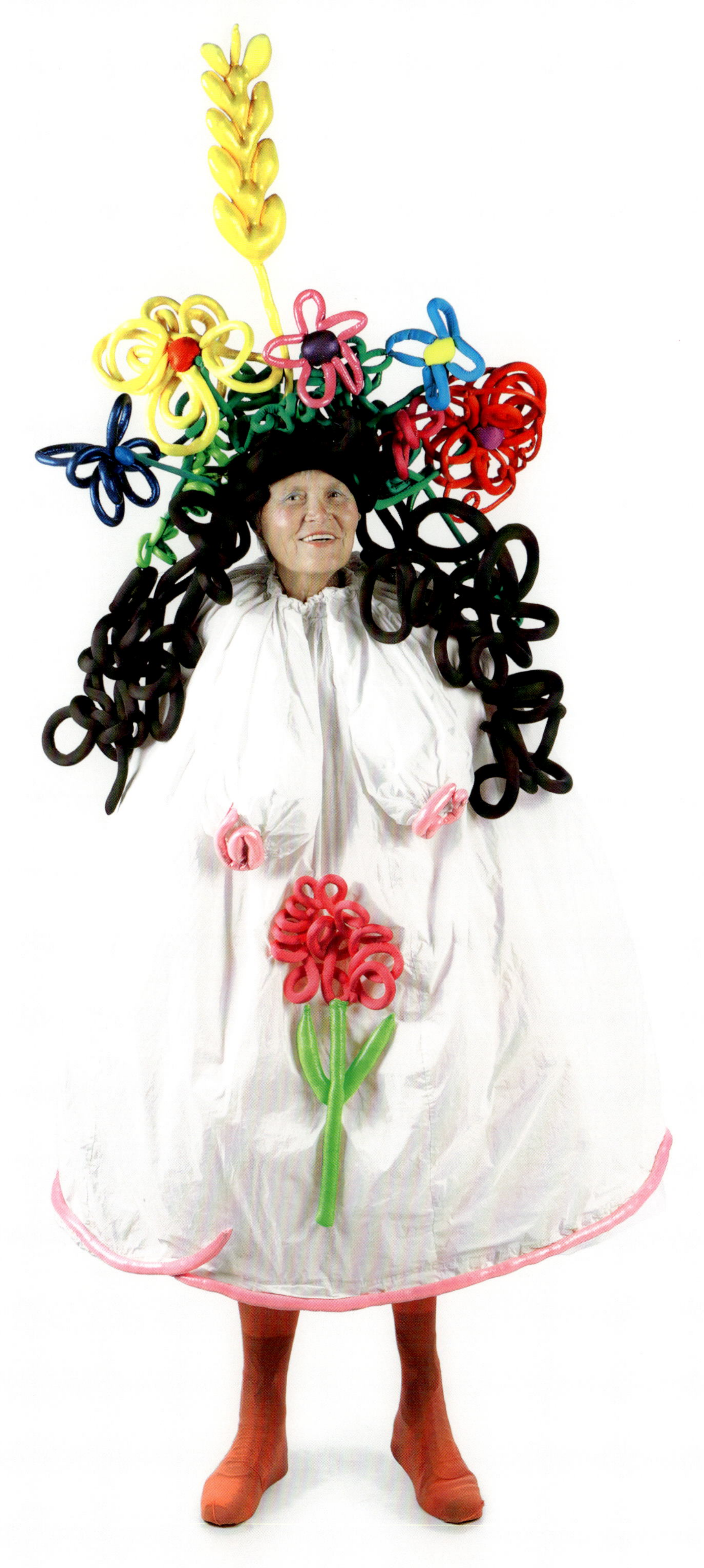

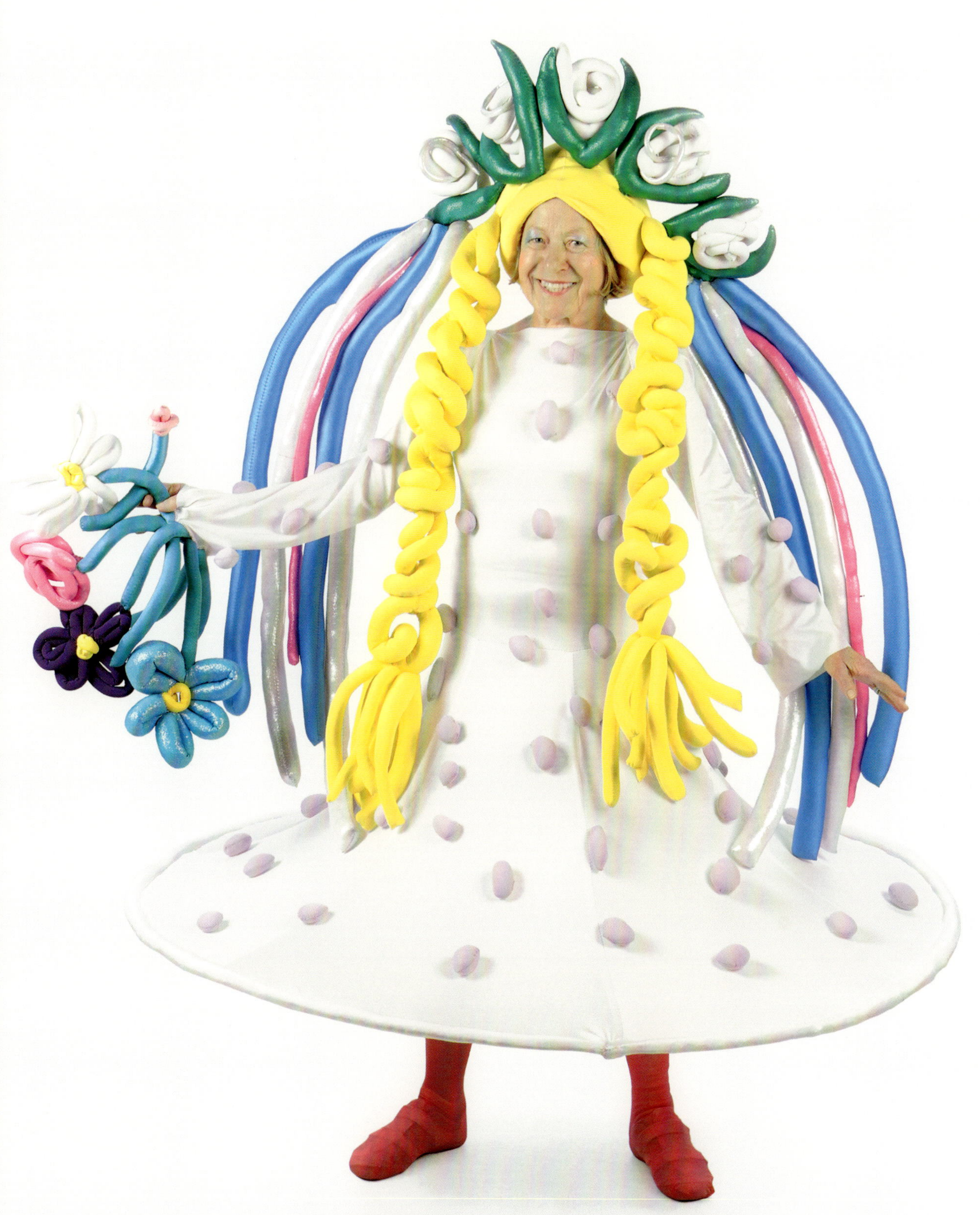

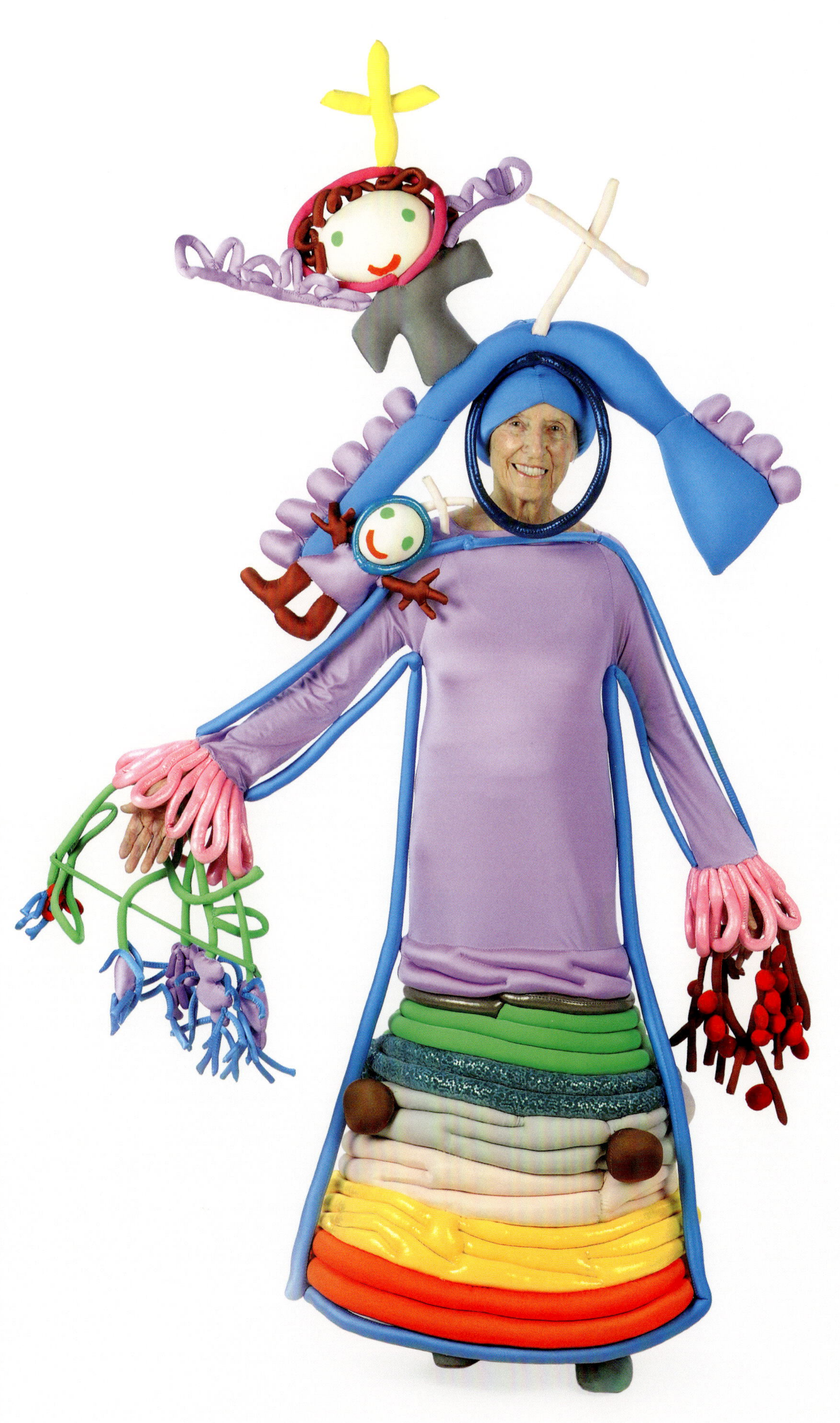